中國教育科學研究院圖書館 編

中國教育科學研究院
圖書館藏古籍善本圖録

國家圖書館出版社

圖書在版編目（CIP）數據

中國教育科學研究院圖書館藏古籍善本圖錄 / 中國教育科學
研究院圖書館編. — 北京 : 國家圖書館出版社, 2024.4
ISBN 978-7-5013-8070-1

Ⅰ. ①中… Ⅱ. ①中… Ⅲ. ①古籍—善本—圖書館目錄—中國
Ⅳ. ①Z838

中國國家版本館CIP數據核字（2024）第037849號

書　　名　中國教育科學研究院圖書館藏古籍善本圖錄
著　　者　中國教育科學研究院圖書館　編
責任編輯　王燕來　　景　晶
封面設計　愛圖工作室

出版發行　國家圖書館出版社（北京市西城區文津街7號　　100034　）
　　　　　（原書目文獻出版社　北京圖書館出版社）
　　　　　010-66114536　63802249　nlcpress@nlc.cn（郵購）
網　　址　http://www.nlcpress.com
排　　版　愛圖工作室
印　　裝　北京雅圖新世紀印刷科技有限公司
版次印次　2024年4月第1版　2024年4月第1次印刷

開　　本　889×1194　1/16
印　　張　14
書　　號　ISBN 978-7-5013-8070-1
定　　價　280.00圓

編委會

序　言

　　中國教育科學研究院的前身是 1941 年中國共產黨在延安建立的中央研究院中國教育研究室。80 多年來，中國教育科學研究院始終與中國革命、建設、改革開放同呼吸、共命運，以研究、宣傳、貫徹黨的教育方針爲己任，系統開展了馬克思主義教育理論和教育改革發展戰略研究，爲我國教育事業科學發展做出了應有貢獻。長久以來，中國教育科學研究院圖書館扮演着傳承與創新的角色，見證了教育思想的變革與升華。

　　中國教育科學研究院圖書館前身爲中央教育科學研究所圖書館，建于 1956 年，原址位于北京市西城區南新華街 15 號“和平門圖書樓”。館內藏書以教育類圖書爲主，收藏豐富，包括民國時期及新中國成立後的教育類書籍、課本、期刊及重要報紙和有關資料，圖書館通過各種渠道系統地引進了世界上一些主要國家的教育論著、期刊，還藏有不少珍貴的綫裝書，形成了一個專業性的教育圖書館。國內圖書資料通過新華書店、中國書店等購置，國外資料通過國家對外文化聯絡委員會、國際書店等渠道訂購，還與國外一些圖書館如蘇聯烏申斯基教育科學圖書館等長期保持交流。

　　20 世紀 90 年代初，包括綫裝書在內的館藏 30 多册圖書從和平門圖書樓搬出，後又經數度搬遷。2017 年，根據教育部巡視組意見，經時任院領導集體決策，按照國家圖書館標準，建設了恒温恒濕、安全可靠的古籍書庫，館藏綫裝書經過冷凍除蟲處理後全部上架。

　　爲了更好地弘揚中華優秀傳統文化，落實習近平總書記“讓書寫在古籍裏的文字活起來”的指示，我館高度重視古籍的保護與研究工作，繼承先輩們孜孜以求、用心守護的精神，懷揣敬畏之心和使命感，于 2018 年和 2023 年專門聘請了國家圖書館古籍專家，共同對圖書館館藏 1949 年前綫裝書進行了全面梳理，做了認真的考訂、研究和鑒定。古籍的整理和鑒定是專業性強，且非常複雜繁瑣又精細的工作。在專家整理鑒定的基礎上，我們又歷經數月的反復認真核查、校對，梳理統計明清古籍和民國綫裝書2918部4萬餘册。

我館古籍藏品數量可觀、種類豐富、保存完好，經史子集四部書種類齊全，基本上涵蓋了傳統學者閱讀、治學使用的基礎用書，具有較高的文物價值、文獻價值和學術價值。館藏古籍綫裝書涵蓋了官刻、坊刻、私刻刻書系統，包括刻本、活字印本、稿抄本、石印本、鉛印本、影印本、多色套印本、油印本等。明刻本均屬難得之品外，清刻本中也不乏稀見文獻，有27部善本在《中國古籍總目》中未見著録。教育類文獻十分豐富，包括科舉制藝、學堂講義、學務文牘、政策檔、教育學論著等，約占全部館藏綫裝書的四分之一，形成了一個專門的、成體系的特色館藏。此外，所藏古籍中有諸多批注及收藏鈐印，較爲知名的有周作人、吳引孫、洪業、于省吾、齊如山等。

本圖録重點遴選具有館藏特色的清康熙二十七年（1688）景日眕殿試卷、清光緒六年（1880）王懿榮榜帖和清乾隆六十年（1795）以前的明清善本，共計164種。其中，清乾隆六十年以前的善本包括經部43種、史部31種、子部50種、集部26種、叢部8種及和刻本4種。年代最早爲明弘治五年（1492）梅隱精舍刻《性理大全書》七十卷，此書與明嘉靖三十七年（1558）刻本《學約古文》三卷《末》一卷、明隆慶間查策刻本《精刻大學衍義補摘粹》十二卷僅中國教育科學研究院一家收藏，堪稱海内孤本。每種善本下配以簡要文字，説明基礎信息和主要特徵，并選擇具有版本特色、藝術價值的書影進行展示，彰顯中華古籍之美韵。

做好新時代古籍工作，我們深感重任在肩。編纂本圖録是我們踐行賡續中華優秀傳統文化、弘揚民族精神、增强國家文化軟實力、建設社會主義文化强國的重要舉措，也希望這些珍貴的善本古籍，能爲讀者打開一扇通往中華優秀傳統文化的窗户。我們也將不忘初心，運用現代科技手段加强典藏文獻的保護修復和綜合利用，深入挖掘古籍藴含的哲學思想、人文精神、價值理念、道德規範，推動中華優秀傳統文化創造性轉化、創新性發展。

值此圖録出版之際，感謝中國教育科學研究院圖書館的前輩們爲圖書館事業所傾注的心血和貢獻；感謝國家圖書館古籍專家們爲本書付出的辛勤努力。水平所限，本書難免有錯漏不足之處，敬請廣大讀者斧正賜教。

　　謹以此書，獻給熱愛中華優秀傳統文化的您，願我們共同在這片博大的文明土地上，書寫更加輝煌的文化傳承篇章。

編　者

2023 年 12 月

凡　例

一、圖録所收之書，選自中國教育科學研究院圖書館部分善本古籍，共計 164 種，包括具有館藏特色的清康熙二十七年（1688）景日畛殿試卷、清光緒六年（1880）王懿榮榜帖和 162 種清乾隆六十年（1795）前的明清珍貴善本。

二、本書依經、史、子、集、叢、和刻本分類編排。各部類內部依善本類別排序，同一類別依著者先後排序，同一著者書籍再依版本先後排序。爲突顯本館收藏特色，在這些類目之前，特別設立"殿試卷和榜帖"類目。

三、圖録一般依據原書著録基本信息，包括題名卷數、著者、版本、册數、版式、版框尺寸、存卷、批校題跋等，缺項則不録。

四、除"殿試卷和榜帖"，每種善本選圖 1—3 幀，儘可能選取該書卷端頁書影。書影均采用原件掃描。

目　録

史　部

子　部

集　部

叢　部

和刻本

殿試卷和榜帖

至隱而所以戴布措置之者至神以故道術成於上仁也

秋於達親割主於涯文而無變以追躡唐虞無離也欽惟

皇帝陛下

體元出治

弘道宣民

所無逆者三十年宵衣旰食

作而勵者千百周達至通安

德業既夫而日皎月皎合崇於甲法以行信

襀燊明備而星样霝欄枝降天踰地以乘槁

慈官學以瑞化理寓闢發微言爲扶埽至德典沫泗同流是

庶乎篤治法蜑道統晉彰

第三甲第三十六名

臣對臣聞帝王膺圖御宇而發化理於郅隆也必有創制

泛大本焉必有至賾之大法焉本者何以天德行工道是

也大德性不可不養經術不可不端講習不可不謹取義

蓋之精微而神明裕之以是敦諸化理

而創制之大本約在是矣法者何以仁心善政是也

之所居而輕重布之以德化臻人安即以無事致晏清而

至賾之大法約是盡此矣古之聖主以聰明天畫之資懋

其遜志時敏之學合古今之治道源派而一心備之而

有餘本首出庶物之德捄其神化時宜之政盡寰宇之辯

誠享賾而以一法措之而成當此無他以純粹有原之學

立其體以對酌盡善之割達其用其所以謹實躬明之者

至豫而所措置之者至神以依道術成於上仁政

秋於遠規制立於經久而無以追眺唐虞無難也欽惟

皇帝陛下

體元出治

弘道宜民

所無逸者三十年宵衣盰食

作而觀者千百囿遠至遍安

德業咸夫而就月將令崇效早法以行健

禮樂明備而星輝雲爛椒塗天蟠地以垂模

慈聖學以端化理寫開發微言為贊揚至德與洙泗同流唐

康並駕治法暨道統膂彰

沛大春以阜群生或郎事流恩或先期購復伴軍歌樂愷民

裕蓋藏九有與萬方脅慶同己

功歐之歌輝煌

聖世

太和之氣翔洽兩間超千古而軼百代矣然猶

聖德益懋不忘治儆

萬幾之暇進臣等於

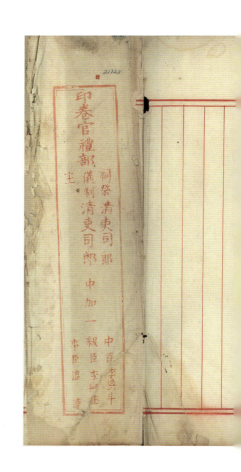

[清康熙二十七年] 景日昣殿試卷　清康熙

二十七年（1688）寫本

1冊。

經

部

五經旁訓十九卷　明刻本

12冊。半葉七行，行二十字（小字單雙行不等）。白口，左右雙邊，單魚尾。開本：30.7cm×18.5cm，版框：21.1cm×15.5cm。缺五卷：易經旁訓三卷、書經旁訓二卷。

爾雅卷之一

釋詁第一 疏曰釋解也詁古也古今異言解之使人知也釋
言則釋詁之分故爾雅釋詁釋言通古今字釋
之興言也此篇相傳以為周公作總云釋詁釋言
有先儒多疑之或曰仲尼子夏所增但其文或有在周公之後
其文今無者或已散亡也然則詩之文非皆在周公
所釋若言胡不承權輿緇衣之蓆分此秦康鄭武之詩在周公之後
居前增益者居後作非一時故隨次其義無定故言詁周公之所釋
先聖之原書而疏於此緇信為周公作爾雅釋言者非周
以後之文乃郭氏援據以成義初非周公之所釋而其所非
其文猶可考也今如權輿字調周之所釋或別之有
釋者今或亡也如權輿字調周頌或別之有
黃髮兒齒皆成句詩笑閟宮頌魯僖億及之
文則此篇亦有非周公作者雜謂之與餘詳各篇各條
初哉首基肇祖元胎俶落權輿始也
秦風云胡不承權輿疏曰初哉
誥云哉生魄叙詩既醉云令終有俶落云訪予落止權輿
誥云哉生魄叙詩既醉云令終有俶落云訪予落止權輿
皆為始之義也釋詁曰哉書康誥
黃髮兒齒皆成句詩笑此釋初哉以下
閟雅釋詁卷一 一 寅清樓

九經補注　（清）姜兆錫撰　清雍正乾隆間刻本

　　32冊（4函）。半葉十行，行二十五字（小字雙行同）。白口，四周單邊，單魚尾。開本：25.4cm×16.3cm，版框：20.5cm×15.3cm。版心下鐫"寅清樓"。

朱子儀禮經傳通解卷第一

東雍梁萬方廣庵甫考訂

男開宗啟後甫參訂

金陵翁　荃止園甫　校止

古絳李世牧武安甫校止

士冠禮第一　凡二十四章

家禮一之上　鄭玄曰錄曰童子任職居士位年二十而冠主人玄冠朝服則是仕於諸侯天子之士朝

服皮弁素積古者四民世事士之子恒爲士冠於五禮爲

嘉禮大小戴及別錄皆爲第一今仍舊次而於其文頗有

所聱析云○疏曰言童子居士位者據下昏禮相見禮皆

士身所行故知此是士也又據曲禮云二十曰

弱冠故知年二十而冠也孔穎達云冠之所起按畧說云

古人冒而句領注云䎒三皇時以冒覆頭句領繞項世本

儀禮經傳通解　卷一　士冠禮　一

朱子儀禮經傳通解六十九卷　（宋）黃榦原本　（宋）朱熹撰　（清）

梁萬方考定　清乾隆十八年（1753）刻本

　　40冊（4函）。半葉十行，行二十五字。白口，左右雙邊，單魚尾。

開本：26.0cm×16.6cm，版框：21.4cm×15.1cm。

以光隆於一時垂裕於千古家鑽研尋繹推較詳求原始以要終體本以

正末躬命繢素不差毫釐率文而行恐迷其形範以圖為正則應若宮商

凡舊圖之是者則率由舊章順考古典否者則當審理彈射以實裁量通者

則惠朝用其互聞呂望存其兩說非其學無以臻其極非其明無以宣其

象導其文譯其器文象推合略無差較作程立制昭示無窮匪哲匪勤理

無收濟既勤且哲何滯不通有以見臨事盡心當官御物官不同事人不

同能得其能則成失其能則敗禮圖至此能事盡為國之禮事之體既盡

美矣物之紀文之理又盡善矣其新圖八二十卷附於古今通禮之中是

書纂述之初詔儼總領其事故作序焉

新定三禮圖服圖卷第一

大裘冕

袞冕與后褘衣畫細紐

玄冕　韋弁服　皮弁服　冠弁服

鷩冕　毳冕　絺冕

上公袞冕　侯伯鷩冕　子男毳冕　卿大夫玄冕

三公毳冕

爵弁　皮弁　諸侯朝服

周大于古服有九冕服六弁服三凡九也故司服云王祀昊天上帝

則服大裘而冕祀五帝亦如之享先王則袞冕享先公饗射則鷩冕

三禮圖二十卷　（宋）聶崇義集注　清康熙間刻本

4冊。半葉十六行，行字不等（小字雙行同）。白口，左右雙邊，雙魚尾。開本：24.8cm×17.2cm，版框：20.2cm×14.9cm。

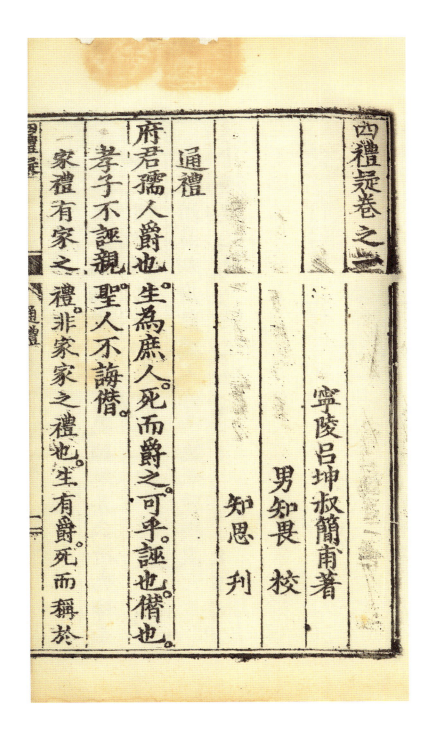

四禮疑卷之一

寧陵呂坤叔簡甫著

男知畏　校

知思　刊

通禮

府君孺人爵也。生為庶人死而爵之可乎誣也僭也。

孝子不誣親。聖人不誨僭。

一家禮有家之禮。非家家之禮也。生有爵死而稱於

四禮疑五卷四禮翼不分卷　（明）呂坤撰　明萬曆四十二年（1614）

刻後印本

　　4冊。半葉八行，行二十字。白口，四周雙邊，單魚尾。開本：

27.0cm×16.8cm，版框：22.0cm×14.7cm。

欽定周官義疏卷第一

天官冢宰第一之一（冢知勇反）

惟王建國辨方正位體國經野設官分職以為

民極（辨本亦作辯平勉反）

正義 鄭氏康成曰建立也周公作六典之職以授成王。（賈疏召誥王來紹上帝自服于土中洛誥。）

營邑於土中以治天下是爲洛邑。帝自服于土中洛誥。案朱子詩

周公曰孺子來相宅亂爲四方新辟是也。案朱子詩

傳周公相成王營洛邑爲東都以朝諸侯故曰以治天

下。

司徒職曰日至之景尺有五寸謂之地中天地之所

欽定周官義疏 卷一 天官 序官 一

御製三禮義疏三種 （清）鄂爾泰 （清）諸錦等纂 清乾隆間刻本

62冊（8函）。半葉八行，行十八字（小字單雙行不等）。白口，四周雙邊，單魚尾。開本：28.3cm×17.8cm，版框：21.1cm×16.1cm。

春秋指掌卷之一

宜興　儲　欣同人　撰輯
　　　蔣景祁京少
武進楊大鶴芝田參閱

隱公上

公名息姑自伯禽初封魯傳世二十三而至隱公

在位十一年元妃孟子孟子卒繼室以聲子生隱公宋武公

生仲子仲子生而有文在其手曰為魯夫人故仲子歸於我生

桓公桓公立而奔之

左傳　惠公薨於我生仲子

　　　於是以隱公立而奉之

　　　于理自然成文

胡傳　自邾婁而下為多春秋蔣詩也而謂詩亡然後春秋

　　　作之迹想而詩亡然後春秋作何

　　　孟子曰王者之迹熄而詩亡詩亡然後春秋作

也自黍離降為國風雅夫下無復有雅而王者之詩亡矣

秋作於隱公適當雅正月刺幽王已為大戎

而曰赫赫宗周襃姒滅之遂幽王已為大戎

所熄惠公初年周既東遷春秋不作於孝公惠公者東遷

黑黍巳以

春秋指掌卷一隱元年　　一

春秋指掌三十卷前二卷附二卷　（清）蔣景祁　（清）儲欣輯

清康熙二十七年（1688）天藜閣刻本

　　12册。半葉上下兩欄。上欄十行，行二十三字（小字雙行同）。黑口，左右雙邊，單魚尾。開本：25.2cm×15.8cm，版框：20.2cm×14.6cm。鈐“玉函山房藏書”印。

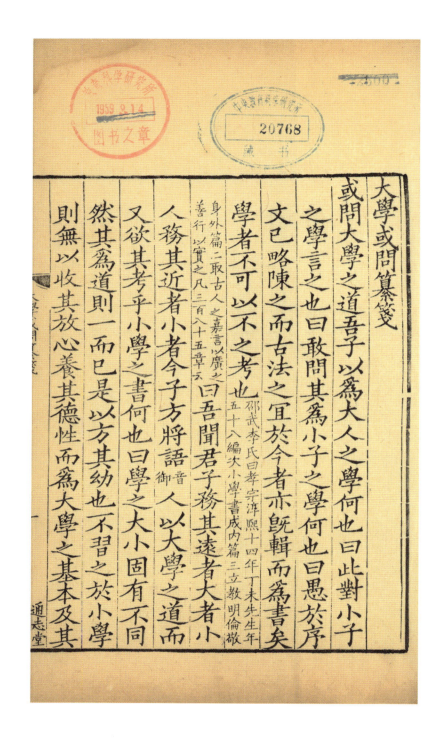

大學或問纂箋一卷中庸或問纂箋一卷　（宋）朱熹或問　（元）

詹道傳纂箋　清康熙十九年（1680）納蘭成德通志堂刻通志堂經解本

1册。半葉十行，行二十一字（小字雙行三十二字）。白口，左右雙邊，單魚尾。開本：27.7cm×17.5cm，版框：20.0cm×15.0cm。

四書集註大全凡例

一四書大書朱子集註諸家之說分行小書凡集成輯

一四書大書朱子集註諸家之說分行小書凡集成輯
釋所取諸儒之說有相發明者采附其下其背戾者
不取凡諸家語錄文集内有發明經註而集成輯釋
遺漏者今悉增入

一註文下凡訓釋一二字或二三句者多取新安陳氏
之說

一引用先儒姓氏

朱子 熹　晦菴　新安　仲晦

鄭氏 玄

孔氏 穎達

四書集注大全　（明）胡廣等輯　明刻本

　　20冊。半葉十行，行二十二字（小字雙行同）。黑口，四周雙邊，雙魚尾。開本：30.5cm×20.4cm，版框：26.2cm×17.8cm。鈐"鮑氏覺園珍賞"印。

大學章句大全 〔大舊音泰 今讀如字〕

子程子曰。〔新安陳氏曰。程子上加子字。倣公羊傳註子沈子之例。乃後學宗師先儒之稱〕大學

孔氏之遺書而初學入德之門也於今可見古人為學

次第者獨賴此篇之存而論孟次之學者必由是而學

焉則庶乎其不差矣。〔龜山楊氏曰。大學一篇。聖學之門戶。其取道至徑。故二程多命初學者讀之○朱子曰。大學首尾貫通。都無所疑。然後可及語孟。又無所疑。然後可及中庸○某要人先讀大學以定其規模。次讀論語以及其根本。次讀孟子以觀其發越。次讀中庸以求古人之微妙○陳氏曰。為學次序自有其要。先須大學以為入德之門。其中說明德新民。具有條理。次則論語以為操存涵養之實。又其次則孟子以為體驗克廣之端。三者既通。然後會其極於中庸○又曰。大學規模廣大。而本末不遺。節目詳明。而始終不紊。學者所當最先講明者○新安邵氏曰。他書言平天下。本於治國。治國本於齊家。齊家〔新安〕〕

乾隆三十一年鐫

簡諫居先生鑒定

張閣老四書
直解原本

金閶玉樹堂梓行

張閣老四書直解原本　　（明）張居正撰　　清乾隆三十一年（1766）

金閶玉樹堂刻本

　　12冊。半葉上下兩欄。上欄十六行，行十二字。下欄十二行，行二十四字（小字單雙行同）。白口，左右雙邊，單魚尾。開本：26.2cm×26.2cm，版框：22.6cm×12.4cm。

江陵張居正恭撰次著

福建鄭　重山公父
江南朱鳳台愼人父仝訂
徐　籍亦夫父

大學章

此一章是聖經蓋孔子平勤
定道脉以傳授曾子各首節揭
大學之道次一節指出知止能
得及知所先後止八句都重本之
玩本末始終四字都重本之
急古之二節古人知事先後
乃大道者立其例末三節從中
揭出大本以結之欲學者知所

大學之道在明明德在親民在止於至善　大學之道只明明德
明明德分內事止至善不過說完明明德蓋善未至則德未可
言明只自明明德而新民只自在其止至善不能則
至善不指出新民為善德至善則必況
至善為明明德為
大學猶今大學問之章字是指其道之所在上一明字是察
識意明德是天賦本明之德観字作新字解育鼓舞作興意
止者必至於是而不遷至善是恰好的所在○曾子述聖經
論曲學不可齊於大者以其本體失而分量自虧也記知聖

增補四書精繡圖像人物備考十二卷　　（明）薛應旂輯　　（明）陳
仁錫增訂　清乾隆五十一年（1786）刻本

8冊（1函）。半葉十三行，行三十字（小字雙行同）。白口，四
周單邊，單魚尾。開本：23.8cm×15.4cm，版框：19.4cm×13.8cm。金
閶書業堂藏板。

大學

按大學者小戴禮四十九篇之一也或謂作於

曾子或謂作於子思唐以前未有表章之者宋

仁宗天聖八年始以此篇賜新第王拱辰等嗣

後諸子爲之章句或問以釋之遂與中庸獨行

於世云古本大學原無經傳之分其章次亦與

今異見禮記注疏中全書二程而董槐葉夢鼎

二程子定本亦不相一而董槐葉夢鼎

正栢則謂致知格物章未嘗亡欲還知止物有

四書考二十八卷　（明）陳仁錫增定　明崇禎七年（1634）刻本

7册。半葉九行，行十九字（小字雙行同）。白口，四周單邊。開本：26.7cm×16.8cm，版框：21.3cm×13.9cm。存十三卷：大學二卷、中庸三卷、論語八卷。

四書徵大學卷之一

古宣王夢簡簡臣父彙輯

馮汝密向日父

湯睡菴先生鑒定

友　馮昌年生王父仝訂

夏日蔡君同父

曾子

曾子名參字子與曾南武城人郯國之後也禹孫少康封其次子
曲烈於郯當曾襄公時邾人莒人滅郯郯世子巫弥曾去邑而為
曾氏巫厄幾傳生點點生參參年十六孔子在楚命參之楚受學
焉。出閭里誌性至孝　曾子嘗出薪於野客至其家母以手搤臂參即馳
至問母曰今者客至搤臂以呼

四書徵十二卷　（明）王夢簡輯　明刻本

8冊。半葉十行，行二十五字。白口，四周雙邊。開本：25.6cm×16.1cm，版框：21.4cm×13.7cm。鈐"有不爲齋"印。

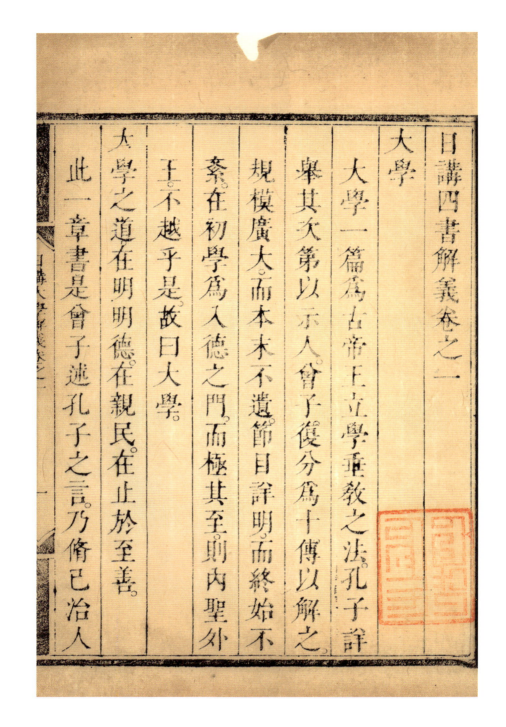

大學

日講四書解義卷之一

大學一篇爲古帝王立學垂教之法孔子詳

舉其次第以示人曾子復分爲十傳以解之

規模廣大而本末不遺節目詳明而終始不

紊在初學爲入德之門而極其至則内聖外

王不越乎是故曰大學

大學之道在明明德在親民在止於至善

此一章書是曾子述孔子之言乃脩已治人

日講四書解義二十六卷　（清）喇沙里　（清）陳廷敬等撰　清
康熙十六年（1677）刻本

　　12册（2函）。半葉九行，行十八字。黑口，四周雙邊，雙魚尾。
開本：22.7cm×15.4cm，版框：18.4cm×14.1cm。

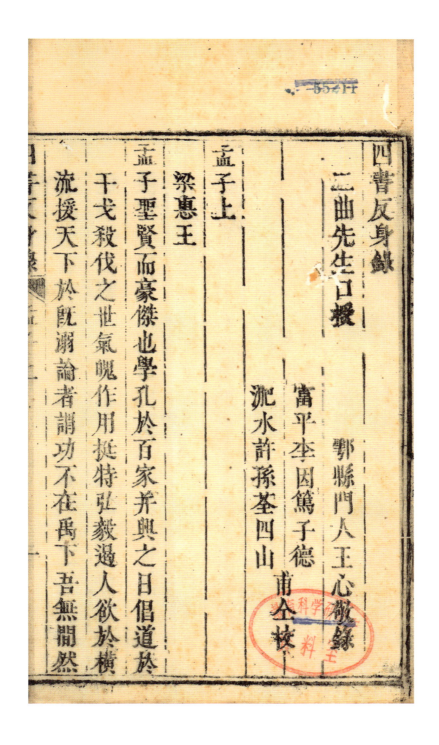

四書反身録六卷二孟續補二卷　（清）李顒述　（清）王心敬録

輯　清康熙間刻本

4册。半葉九行，行二十字。白口，四周雙邊，單魚尾。開本：26.0cm×16.0cm，版框：21.3cm×14.4cm。

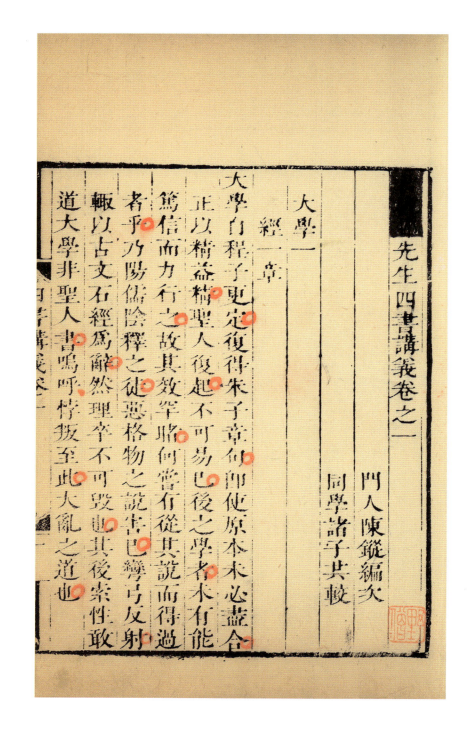

呂晚邨先生四書講義四十三卷 （清）呂留良撰 （清）陳鏦編

清初刻本

　　16册（4函）。半葉十一行，行二十一字。黑口，左右雙邊，雙魚尾。

開本：24.0cm×15.4cm，版框：17.3cm×13.5cm。

中庸大全章句上（三魚堂）讀本

當湖陸隴其稼書手輯

受業　席永恂漢翼
　　　前席漢廷　黎閱

姪　禮徵用中
男　宸徵直方　較訂

中者不偏不倚無過不及之名

朱子曰名篇本是取時中之中然所以能時中者蓋有那未發之中在所以先說未發之中○此溪陳氏曰中是專主未發而言中庸之中却是合二義有在心之中有在事物之中所以文公必合內外而言謂不偏不倚無過不及可謂確而盡矣○雲峰胡氏曰朱子於語孟釋中字但曰無過不及蓋以川言中庸有所謂未發之中與時中故添不偏不倚四字兼體用言以釋名篇之義○新安陳氏曰不偏不倚未發之中以心論者也中之體也無過不及時中之中以事論者也中

三魚堂四書大全三十九卷附論語考异孟子考异　（清）陸隴其

輯　清康熙間刻本

　　27册（3函）。半葉八行，行二十三字（小字雙行同）。黑口，左右雙邊，雙魚尾。開本：25.0cm×17.4cm，版框：20.2cm×14.9cm。缺十二卷：大學卷一至三、論語卷一至八、考异。鈐"朱英毅印"印。

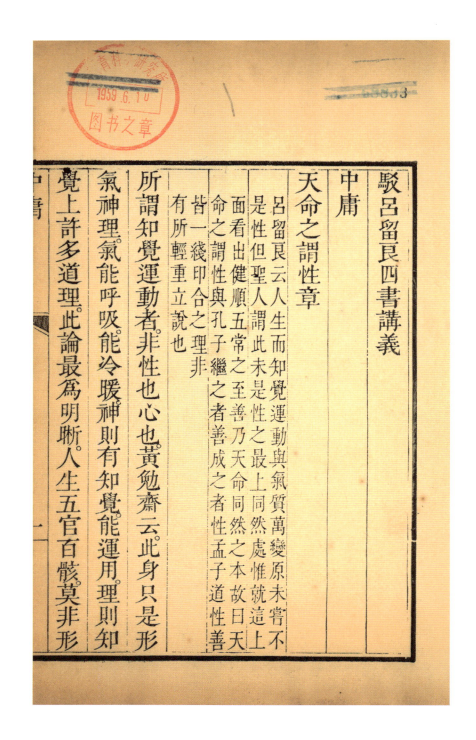

駁呂留良四書講義

中庸

天命之謂性章

呂留良云人生而知覺運動與氣質萬變原未嘗不
是性但聖人謂此未是性之最上同然處惟就這上
面看出健順五常之至善乃天命同然之本故曰天
命之謂性與孔子繼之者善成之者性孟子道性善
皆一綫印合之理非
有所輕重立說也

所謂知覺運動者非性也心也黃勉齋云此身只是形
氣神理氣能呼吸能冷暖神則有知覺能運用理則知
覺上許多道理此論最爲明晰人生五官百骸莫非形

駁呂留良四書講義八卷 （清）朱軾等撰　清雍正九年（1731）刻本

　　5册。半葉九行，行二十一字（小字雙行同）。白口，四周雙邊，單魚尾。開本：24.8cm×16.8cm，版框：18.5cm×13.6cm。缺一卷：大學一卷。

大學章句本義匯參卷之一

金壇後學王步青輯　子士鵹編

維甸尚爰校　孫乃旳爾畯校

大學　大舊音泰　今讀如字

子程子曰大學孔氏之遺書而初學入德之門也於今可
見古人爲學次第者獨賴此篇之存而論孟次之學者必
由是而學焉則庶乎其不差矣○龜山楊氏曰大學一篇聖
二程多令初學讀之○語類某要人先讀大學以定其規
模次讀論語以立其根本次讀孟子以觀其發越次讀中
庸以求古人微妙處大學一篇有等級次第總作一遍易
曉宜先看○問語孟中庸亦難讀論語散見二書後方宜
看○先看大學固是○先看得人感激○先看得人學
次論孟次中庸果然下工夫句句字字遍泳切已

敦復堂

四書朱子本義匯參四十三卷首四卷　（清）王步青撰　清乾隆十
年（1745）敦復堂刻本

　　30冊（4函）。半葉九行，行二十三字（小字雙行同）。白口，
四周單邊，單魚尾。開本：25.3cm×15.8cm，版框：20.8cm×14.3cm。

四書自課錄大學

大舊音泰
今讀如字

長洲後學任時懋又新纂

子程子曰大學孔氏之遺書而初學入德之門也於今可見

古人為學次第者獨賴此篇之存而論孟次之學者必由是

而學焉則庶乎其不差矣

大學之道在明明德在親民在止於至善
程子曰親當作新○大
學者大人之學也明明

之也明德者人之所得乎天而虛靈不昧以具衆理而應萬事者

也但為氣稟所拘人欲所蔽則有時而昏然其本體之明則有未

嘗息者故學者當因其所發而遂明之以復其初也新者革其舊

之謂也言既自明其明德又當推以及人使之亦有以去其舊染

之汚也止者必至於是而不遷之意至善則事理當然之極也言

明明德新民皆當止於至善之地而不遷蓋必其有以盡夫天理

四書自課錄大學

10册（2函）。半葉九行，行二十五字（小字雙行同）。白口，
左右雙邊，單魚尾。開本：27.2cm×17.5cm，版框：19.2cm×14.8cm。
鈐"放慵樓""若鈴""敏求氏""雲翁"印。

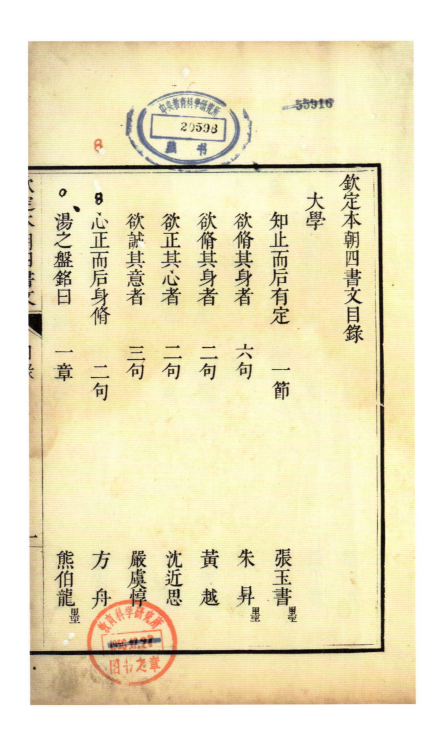

欽定本朝四書文　（清）方苞等選評　清乾隆間武英殿刻欽定四書文本

　　8冊。半葉九行，行二十五字。白口，左右雙邊，單魚尾。開本：30.8cm×19.6cm，版框：22.6cm×15.7cm。書名據目錄及版心題。

知止而后有定　一節

張玉書墨

極止善之全功由知而漸及之者也蓋止非知無由入也歷定靜

安慮以幾於得而明新之善其全乎今夫學者莫不有兼成之責

而當畏成功之難非成功難也學有由歸亦有由入往往功以漸

而及者效因以漸而深則不得徒論其已能而當思明善之學所

循途而至矣合明新而期至善大人蓋歷乎止之必至與止之不

容遽至而不得不重言止也言止則非審其幾者不能立理惟不

戒必於一知體衆善之全言止則非辨其趨者不能行量以徐收

惟恃一知大兼善之用甚矣知止之重也夫未知止以前所爲積

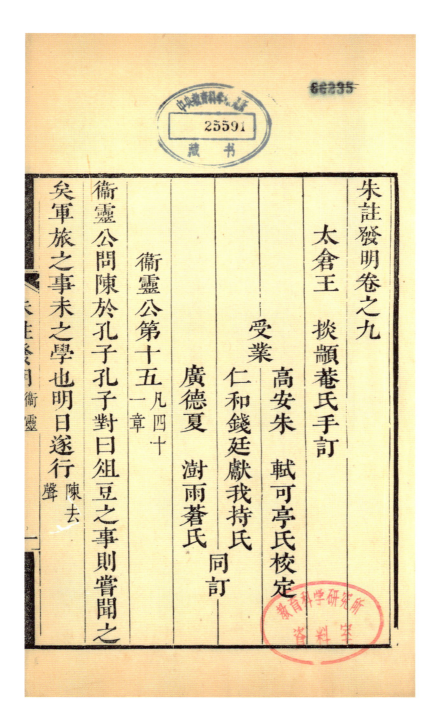

朱注發明十九卷 （清）王掞訂　清康熙五十八年（1719）潮濟堂刻本

　　7冊。半葉八行，行二十字（小字雙行同）。黑口，左右雙邊，單魚尾。開本：26.6cm×17.6cm，版框：19.2cm×14.8cm。存九卷：卷九至十、十三至十九。

四書典制彙編卷一

禮

　　五禮　禮儀　威儀

禮者合理與儀而名之者也。

理者禮之主於中者也。貴賤尊卑之所以等也。物之

有貴賤尊卑者皆天理之本然而無過無不及則謂

之天理之節文。禮之體也。儀者禮之見於外者也容

　　　　　　　武進　胡　掄應麟輯

　　　　　　　　　何成章元發梓

四書典制彙編八卷　　（清）胡掄輯　清雍正十年（1732）武進何成章刻本

　　4冊。半葉九行，行二十一字（小字雙行同）。白口，左右雙邊，單魚尾。開本：23.8cm×14.9cm，版框：18.9cm×13.1cm。藜照軒藏板。鈐“月溪何氏玉堂珍藏經籍金石書畫印”。

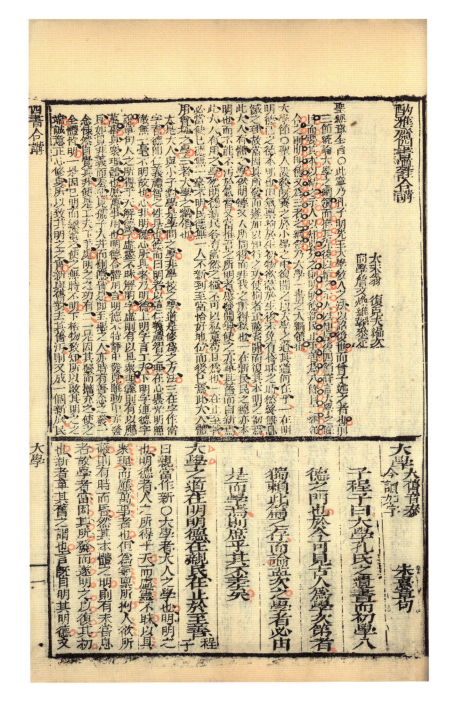

酌雅齋四書遵注合講十九卷　（清）翁復編　清乾隆五十三年

（1788）刻本

6冊（1函）。半葉上下兩欄。上欄二十六行，行三十二字。下欄九行，

行十七字（小字雙行同）。白口，左右雙邊。開本：29.4cm×17.7cm，

版框：24.4cm×16.8cm。

四書大全學知録四種二十三卷字畫辨訛一卷 （清）許泰交輯

清雍正十三年（1735）三槐堂刻本

　　24册（3函）。行字不一。白口，四周單邊，單魚尾。開本：
26.3cm×16.0cm，版框：20.3cm×13.5cm。

四書大全校正字畫辨訛

大學

聖經章

學非中从爻　學俗从方非

道从辵省作之非　凡之繞放此

德作德非　民作民非

於从扵　善俗作善非者

有月非　能从能非俗作能非

靜从青从爭俗从青俱非

慮俗作慮非　本作本事子非

終从糸从冬俗从冬非

後从彳从幺从夊俗从夂不从言从成非

欲从谷俗作欲非　者點非

其連下者非　國作或俗作國非

齊从齊俗作齊非　脩从攸从月俗作脩非

亂俗作亂非　所...

致从父不从攵非　平作平非

庶从广从廿从灬皆非

皆为俗作皆非　為為俗作亂俗作乱俱非所...

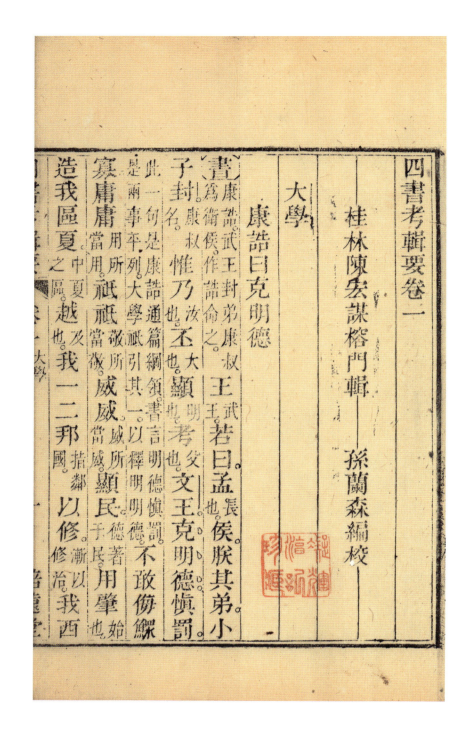

四書考輯要二十卷 （清）陳宏謀輯 （清）陳蘭森編校 清乾隆
三十六年（1771）臨桂陳氏培遠堂刻本

　　8冊。半葉十行，行二十字（小字雙行同）。白口，四周雙邊，單魚尾。
開本：25.5cm×16.8cm，版框：19.1cm×15.0cm。鈐"凝輝淳記珍藏"等印。

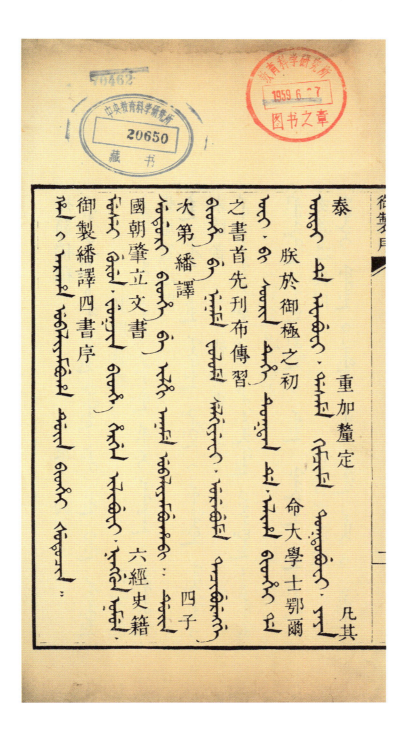

御製繙譯四書六卷　　清乾隆二十年（1755）刻本

　　5册。滿漢文相間，各七行，字數不一。白口，左右雙邊，單魚尾。
開本：27.3cm×16.7cm，版框：18.9cm×14.0cm。

大學

子程子曰 大學 孔

氏之遺書

於今可見古人為學次第者 而初學入德之門也

獨賴此篇之存

而論孟次之

學者必由是而學焉

大學竊補卷之一

弟一飛天衢

受業　天津崔栢齡介千

武進陳孚石羨纂輯　次男　鈴蔡　榜姓起北叅訂

弟見龍文明

受業　崇安潘從龍覲天

同邑呂祖萊濂度

子程子曰大學孔氏之遺書而初學入德之門也於
今可見古人爲學次第者獨賴此篇之存而論孟次
之學者必由是而學焉則庶乎其不差矣

聖經章○聖經爲入大學者示以入德之門。通章重明
明德句。新民不在明德外止至善不在明新外。前三

大學竊補　　　一卷

學庸竊補十四卷　　（清）陳孚輯　清乾隆十五年（1750）刻本

6冊。半葉十行，行二十一字（小字雙行同）。白口，四周雙邊，單魚尾。開本：24.8cm×16.8cm，版框：20.2cm×15.2cm。道岡堂藏板。

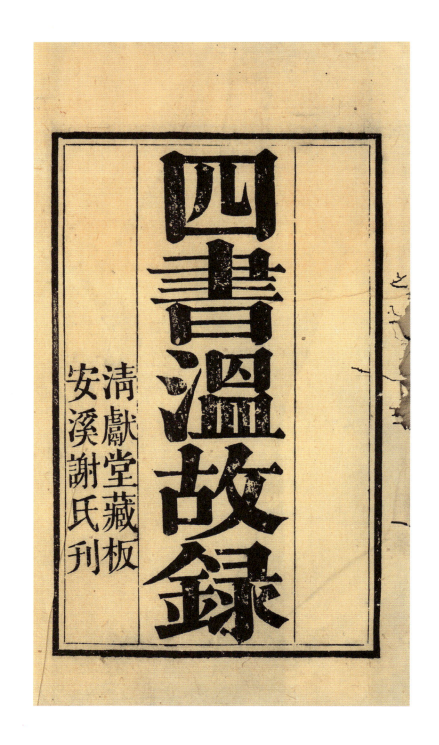

四書温故録十一卷　（清）趙佑撰　清乾隆六十年（1795）安溪謝氏刻本

6冊。半葉九行，行二十字。白口，四周雙邊，單魚尾。開本：24.9cm×15.9cm，版框：19.5cm×12.2cm。清獻堂藏板。

論孟體例

論語孟子體例各有不同．人第見論語二十篇．四百
六十二章．一萬一千七百五十五字孟子七篇．二百六十
一章．三萬四千六百八十五字文辭之繁簡由風氣
之升降．雖聖賢亦有不能強合者也．茲偶舉其一二．
論語諸賢之稱聖人曰夫子．亦曰子聖人稱諸弟子．
則曰小子二三子其專稱則呼名呼爾女從無稱子
稱字者唯孝哉閔子騫乃舉人言非例也．諸賢自稱
皆以名以弟子其相稱于聖人前亦必以名從無稱

四書考異上　總考一

仁和翟灝晴江學

大學原始

孔穎達禮記正義引鄭目錄曰此于別錄屬通論

程子經說曰大學孔氏之遺書

呂大臨禮記解曰禮記所載皆孔子門人所傳授書

朱子文集癸未垂拱奏劄曰所謂大學之道雖古之大

聖人生而知之未有不學乎此者堯舜相授所謂惟精

惟一允執厥中者此也自是以求累聖相傳以有天下

至于孔子不得其位而筆之于書以示後世之為天下

國家者其門人弟子又相與傳述而推明之

四書考異 <!-- 版心 --> 總考一　大學原始　一

四書考异總考三十六卷條考三十六卷　（清）翟灝撰　清乾隆

間無不宜齋刻本

16册。半葉十一行，行二十一字。白口，左右雙邊，單魚尾。開本：

23.8cm×15.6cm，版框：17.5cm×13.3cm。武林竹簡齋藏板。

論語註疏解經卷第一

魏何晏集解

宋邢昺疏

學而第一 【疏】正義曰：自此至堯曰是魯論語二十篇之名及第次也當弟子之時以論撰經之小曰其篇中論辭相從或以類相從以論為此書之大名學而以下當篇之小目其篇中所載各記舊聞意及則言不為義例或亦以類相從此篇論君子孝弟仁人忠信道國之法主於好學能自開政在乎行德由禮貴於用和無求安飽以好學能自切磋而樂道皆人行之大者故為諸篇之先既以學能自為章首遂以名篇言人必須學也為政以下諸篇所以次先儒不無意焉當以學次為政以欲先而後次也一數之始也此篇於次當一也

子曰學而時習之不亦說乎【注】馬曰子者男子之通稱

論語疏 卷之二 永吉閣

論語注疏解經二十卷 （三國魏）何晏集解 （宋）邢昺疏 明崇禎十年（1637）虞山毛氏汲古閣刻本

　　2冊。半葉九行，行二十一字（小字雙行同）。白口，左右雙邊。開本：24.3cm×15.8cm，版框：17.8cm×12.6cm。

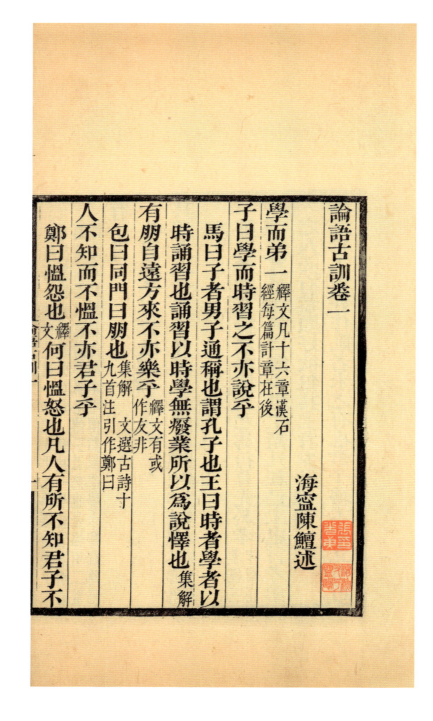

論語古訓十卷附一卷 （清）陳鱣撰 清乾隆六十年（1795）海寧陳氏簡莊刻本

4冊。半葉十行，行二十一字（小字雙行同）。黑口，左右雙邊。開本：28.8cm×18.2cm，版框：18.2cm×13.9cm。鈐"小清儀閣""張渭漁珍藏書籍印""張光弟印""渭漁又字盟鷗"印。

鄉黨圖考卷之一

圖譜

孔子先世圖

宋微子啟 殷帝乙元子周戒王封之於宋

微仲衍 微子弟

宋公稽 丁公申

愍公其 弗父何 讓國於弟厲公

煬公熙 厲公鮒祀 弑煬公後傳宋國

宋父周

世子勝 世本作世子勝此一代世本無

正考父 宋大夫

孔父嘉 宋大夫為華督所殺

木金父 祁父皋夷 世本作祁父家語作皋夷誤作睪夷

防叔 云為防邑大夫 避華氏奔魯世本云為防邑大夫

伯夏

叔梁紇 為陬邑大夫

孔子

鄉黨圖考十卷　　（清）江永撰　清乾隆三十八年（1773）潛德堂刻本

4册。半葉九行，行二十五字。白口，左右雙邊，單魚尾。開本：25.8cm×16.9cm，版框：19.3cm×14.2cm。

孟子

梁惠王

孟子見梁惠王王曰叟不遠千里而來亦將有

以利吾國乎孟子對曰王何必曰利亦有仁義

而巳矣王曰何以利吾國大夫曰何以利吾家

士庶人曰何以利吾身上下交征利而國危矣

萬乘之國弑其君者必千乘之家千乘之國弑

其君者必百乘之家萬取千焉千取百焉不爲

此篇皆引君
以當道得進
諫之體
曨兩段作波
瀾亂徹上文

一句截佳

婉
切

直諫

嚴緊

孟二上

一

孟子二卷　明萬曆四十五年（1617）閔齊伋刻三色套印本

　　2册。半葉八行，行十八字。白口，左右雙邊。開本：27.0cm×17.4cm，版框：20.5cm×15.4cm。

梁惠王章句上

趙氏注　　孟子卷第一

梁惠王者魏惠王也魏國名惠諡也王號也時天下
有七王皆僭號者也猶春秋之時吳楚之君稱王也
魏惠王居於大梁故號曰梁王聖人及大賢有道德
者王公侯伯及卿大夫咸願以爲師孔子時諸侯問
疑質禮若弟子之問師也魯衛之君皆尊事焉故論
語或以弟子名篇而有衛靈公季氏之篇孟子亦以
大儒爲諸侯所師是以梁惠王滕文公題篇與公孫
丑等而爲一例也

孟子見梁惠王

微波榭刻

一

孟子趙注十四卷音義二卷　（漢）趙岐注　（宋）孫奭音義　清
乾隆間曲阜孔氏微波榭刻微波榭叢書本

2冊。半葉十一行，行二十一字。白口，四周雙邊，單魚尾。開本：
25.0cm×17.6cm，版框：18.4cm×14.9cm。鈐"桴盦藏書"印。

梁惠王篇第一　上

孟子見梁惠王、王曰叟不遠千里而來亦將有以利吾國
乎孟子對曰王何必曰利亦有仁義而已矣王曰何以利
吾國大夫曰何以利吾家士庶人曰何以利吾身上下交
征利而國危矣萬乘之國弑其君者必千乘之家千乘之
國弑其君者必百乘之家萬取千焉千取百焉不爲不多
矣苟爲後義而先利不奪不饜未有仁而遺其親者也未
有義而後其君者也王亦曰仁義而已矣何必曰利

（頂門一棒）
（波濤洶湧）
（收處跌宕而峭健）

（曳非絶句連下亥○讀）
（一句○斷○倒○此○句○起）
（逆○接）
（兩必字下得○鑿○跌○得○醒）
（抱○得○緊）
（仍以○此○結）

孟子讀法附記十四卷　　（清）周人麒撰　清乾隆四十九年（1784）
刻本

　　4冊。半葉八行，行二十二字。白口，左右雙邊，單魚尾。開本：
24.8cm×15.4cm，版框：18.0cm×13.0cm。保積堂藏板。

孟子逸文考　　　　海寧周廣業述

孟子曰今之學者其性善　荀子性惡篇下同

孟子曰今人之性善將皆失喪其性故也　詹道傳孟子集注纂箋引脫喪字

孟子曰人之性善　此句兩見皇甫湜之見姚鉉唐文粹性論亦引之　中孟子集注俱作通證唐荀子言

孟子三見宣王　土張存中孟子雜記俱作齊王元　而不言事門人曰　陳志佚文作齊王　三遷志佚文作

曷為三遇齊王而不言事　孟衍泰二遷志佚文作　弟子問曰何為不言誤　孟子曰

我先攻其邪心　荀子大略篇

雜記　荀子前載子思先儒雖有是說稽其年代恐不相及且　孟子問語案孟子師事子思於二君俱稱謚　二條皆思孟若

內篇遂魯穆公費惠公尊禮子思事孟子思　而繆公之上并係以昔者則非當世可知使果師事子思

孟子四考　卷一　逸文　二

孟子四考四卷　（清）周廣業撰　清乾隆六十年（1795）周氏省吾廬刻本

　　4冊。半葉十行，行二十三字（小字雙行同）。白口，左右雙邊，單魚尾。開本：28.0cm×17.5cm，版框：19.7cm×14.5cm。鈐"桂影軒珍藏印"。

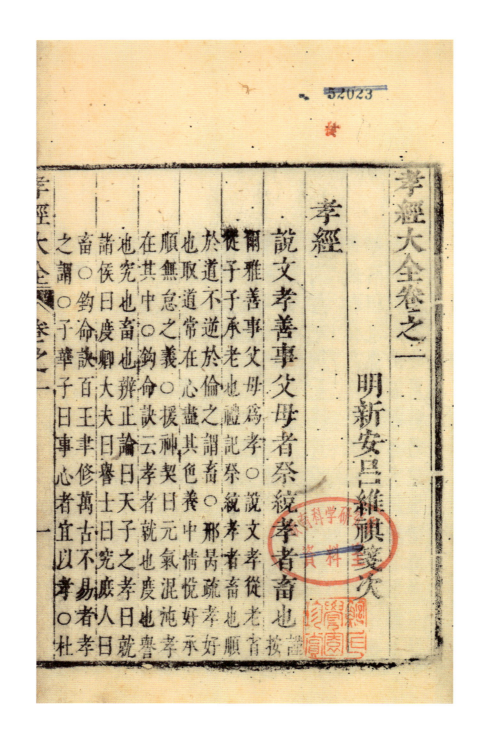

孝經大全二十八卷首一卷或問三卷 （明）呂維祺箋次　**附孝經翼一卷**　（明）呂維祜撰　清康熙二年（1663）新安呂氏刻本

　　10册（2函）。半葉九行，行十七字（小字雙行同）。白口，左右雙邊，單魚尾。開本：28.1cm×17.4cm，版框：18.9cm×14.6cm。鈐"鮑氏覺園珍賞""甲申元宵之日"印。

齊桓公本末

桓十八年春公將有行遂與姜氏如齊申繻曰女有家男有室
無相瀆也謂之有禮易此必敗公會齊侯于濼遂及文姜如齊
齊侯通焉公謫之以告夏四月丙子享公使公子彭生乘公公
薨于車魯人告于齊曰寡君畏君之威不敢寧居來修舊好禮
成而不反無所歸咎惡于諸侯請以彭生除之齊人殺彭生
八齊侯使連稱管至父戍葵邱瓜時而往曰及瓜而代期戍公
年問不至請代弗許故謀作亂僖公之母弟曰夷仲年生公孫無
知有寵于僖公衣服禮秩如適襄公絀之二人因之以作亂連

齊桓一

卷一

日書左國輯要

四書左國輯要四卷　（清）周龍官著　清乾隆二十三年（1758）刻本

2冊。半葉九行，行二十四字。白口，四周單雙邊不等。開本：25.4cm×16.1cm，版框：17.4cm×11.5cm。葉眉有墨筆評點，正文有朱筆圈點。

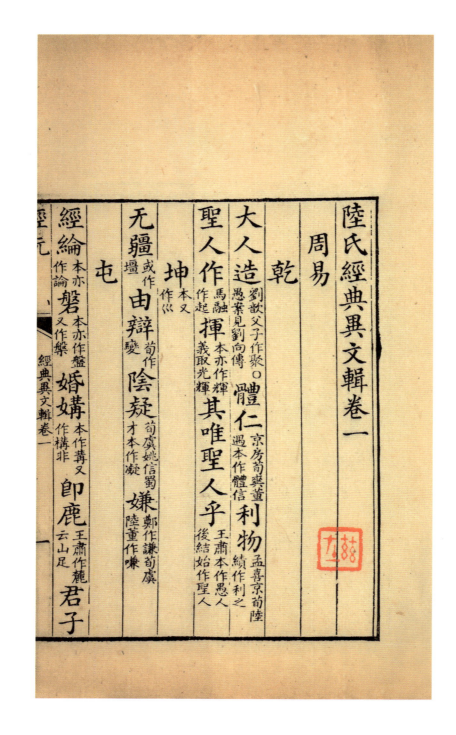

經玩二十卷　（清）沈淑撰　清雍正三年（1725）刻本

6冊。半葉九行，行十六字。白口，左右雙邊，單魚尾。開本：24.0cm×15.6cm，版框：16.3cm×11.6cm。卷尾題“吳門湯士超鐫”。孝德堂藏板。

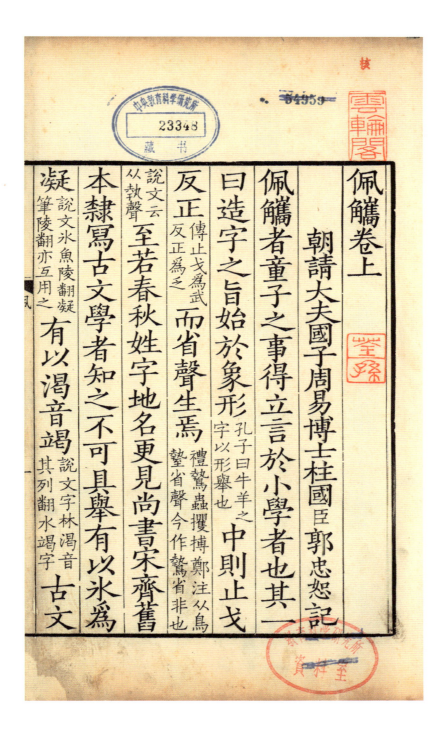

佩觿三卷　（宋）郭忠恕撰　清康熙四十九年（1710）刻本

　　2冊。半葉八行，行十七字（小字雙行二十四字）。白口，左右雙邊，單魚尾。開本：29.1cm×19.3cm，版框：20.4cm×15.5cm。鈐"荃孫""雲輪閣"印。

通俗編卷之一

仁和翟灝

天文

談天 〔史記〕孟子荀卿傳騶衍觀陰陽消息而作十萬餘言載其禨祥度制推而遠之至天地未生窈冥而不可考而原也騶奭亦頗採騶衍之術以紀文故齊人頌曰談天衍雕龍奭按俗于開眼羣居高談闊辨槩云談天原本於此

天然 後漢書賈逵傳通天然之明建大聖之本二字始見

天長地久 見老子上篇又〔張衡〕思元詩天長地久歲不貂侯河之清祇懷憂高彪清誠詩天長而地久人生則

通俗編三十八卷　　（清）翟灝撰　清乾隆間無不宜齋刻本

8册。半葉十二行，行二十二字。白口，左右雙邊，單魚尾。開本：24.1cm×15.7cm，版框：16.7cm×12.7cm。

三字經

養蒙針度卷之一

虞山潘子聲先生手定

長洲受業孫蕃璧卜山甫

湘潭後學陳樹芝醒我甫　校刊

人　音仁萬物之靈也又冠者之稱也

之　音芝助語辭又往也適也

初　音僅始也命也

性　音姓理也

本　音奔木下曰本也

善　音鱔良也善同

相　音箱其也省也觀也又去聲

近　音僅近木上聲

習　音襲鳥數飛也又串習也慣熟也又

遠　上聲遠離之遠去聲

萬　音率也又誠也

不　音弗三音

教　音較訓也又平聲　乃

養蒙針度五卷　（清）潘子聲撰　清雍正間刻本

2冊。半葉九行，字數不一。白口，左右雙邊，單魚尾。開本：22.7cm×14.9cm，版框：18.9cm×13.8cm。善成堂藏板。

史部

明史藁

光祿大夫　經筵講官明史總裁戶部尚書加七級臣王鴻緒奉

本紀第一

藪編撰

太祖一

太祖開天行道肇紀立極大聖至神仁文義武俊德成功高
皇帝諱元璋字國瑞姓朱氏濠州鍾離人先世家沛後徙句
容里名朱巷高祖伯六是為德祖曾祖四九是為懿祖祖初
一是為熙祖文珍是為仁祖朱季熙祖始徙居泗州元時
仁祖再徙鍾離之東鄉母淳皇后陳氏生四子太祖其季也
前一夕后夢神饋白藥一丸置掌中有光吞之寤口猶香氣
及產紅光滿室自是夜數有光鄰里望見驚以為火趨救

通鑑前編舉要卷之一

宋　金履祥　編集

明　路進　較輯

陶唐氏帝堯

甲辰元載乃命羲和　用邵氏經世曆漢晉天文志春秋文耀鉤尚書修

二載定閏法　于小傳用尚書朱修路修

七載麒麟遊藪澤　史用家語修路

十有二載巡狩　路史用家修語

甲子二十有一載

甲申四十有一載虞舜生於諸馮　氏紀年修用經世張

通鑑前編十八卷舉要二卷　（宋）金履祥撰　首一卷　（元）

陳桱撰　明刻本

　　12冊。半葉十行，行二十字（小字雙行同）。白口，左右雙邊，單魚尾。開本：26.1cm×16.7cm，版框：20.0cm×14.4cm。

潛菴先生擬明史稿卷之一

睢州湯　斌潛菴擬
同里田蘭芳贊山評

太祖本紀

太祖開天行道肇紀立極大聖至神仁文義武俊德成功高皇帝諱元璋字國瑞姓朱氏濠州鍾離人先世居沛徙句容熙祖徙家渡淮居泗上仁祖世珍始徙鍾離太祖乃仁祖季子也母淳皇后陳氏元天歷元年戊辰九月丁丑生於東鄉赤光燭天如火十歲徙西鄉旣長鳳目龍顏奇骨貫頂廓

潛菴先生史稿本紀一

潛庵先生擬明史稿二十卷　（清）湯斌撰　（清）田蘭芳評　清康熙二十七年（1688）刻本

　　12冊。半葉十行，行十九字。黑口，四周單邊，單魚尾。開本：25.8cm×15.3cm，版框：16.8cm×13.4cm。書名頁及書簽題"湯文正公史稿"。

明史藁　　本紀第一

敕編撰

太祖一

明史藁

光祿大夫　經筵講官明史總裁戶部尚書加七級臣王鴻緒奉

太祖開天行道肇紀立極大聖至神仁文義武俊德成功高皇帝諱元璋字國瑞姓朱氏濠州鍾離人先世家沛後徙句容里名朱巷高祖伯六是為德祖曾祖四九是為懿祖祖初一是為熙祖父世珍是為仁祖宋季熙祖始徙居泗州元時仁祖再徙鍾離之東鄉母淳皇后陳氏生四子太祖其季也前一夕后夢神饋白藥一丸置掌中有光吞之寤猶聞香氣及產紅光滿室自是夜數有光鄰里望見驚以為火輒奔救

橫雲山人集史藁

敬慎堂

明史稿三百十卷目録二卷　（清）王鴻緒撰　清雍正元年（1723）

敬慎堂刻本

　　40冊（8函）。半葉十一行，行二十三字。白口，左右雙邊，單魚尾。開本：28.6cm×17.5cm，版框：19.9cm×14.7cm。版心中題"橫雲山人集"，版心下鎸"敬慎堂"。

12267核

繹史卷一　　太古第一

開闢原始

列子曰昔者聖人因陰陽以統天地夫有形者生於無形則天地
安從生故曰有太易有太初有太始有太素太易者未見氣也
太初者氣之始也太始者形之始也太素者質之始也氣形質
具而未相離故曰渾淪渾淪者言萬物相渾淪而未相離也視
之不見聽之不聞循之不得故曰易易無形埒易變而為一
一變而為七七變而為九九變者究也乃復變而為一一者形
變之始也清輕者上為天濁重者下為地故天地含精萬物化
生

〔白虎通〕始起先有太初後有太始形兆既成名曰太素混沌相連
視之不見聽之不聞然後剖判清濁既分出曜有庶物施生精者為
三光號者為五行行生情性汁中汁中生神明神明生道德道德生文章

〔團雅〕太初氣之始也生於酉仲清濁未分也太始形之始也生
於戌仲清者精濁者為形也太素質之始也生於亥形之始也氣素朴而未散也三氣相接主次

開闢原始

繹史一百六十卷世系圖一卷年表一卷　　（清）馬驌撰　清康熙間刻本

40冊（8函）。半葉十一行，行二十四字（小字雙行三十六字）。白口，左右雙邊。開本：27.8cm×17.7cm，版框：19.2cm×14.4cm。

遺史世紀卷一

九國兵爭
東周西周

周烈王立十年崩、弟顯王立四十八年崩、孑

慎靚王立六年、子赧王立先是敬王四年、

子朝奔楚王雖反國然以子朝餘黨多在王城乃徙

都成周而王城之都廢至考王封其弟揭於王城為

周桓公自此以後東有王西有公而東西之名猶未

立也及桓公生威公威公生惠公惠公之少子班又

遺史世紀　卷一　一

李氏藏書　（明）李贄撰　明刻本

　　32 册（2 函）。半葉九行，行二十字。白口，四周單邊，單魚尾。
開本：26.0cm×17.8cm，版框：22.7cm×15.1cm。

藏書世紀卷一　溫陵　李載贄　輯著

虎林　沈汝楫

金嘉謨　重訂

沈繼震　校閱

九國兵爭

東周西周

周烈王立十年崩弟顯王立顯王立四十八年崩子慎靚

王立慎靚王立六年子赧王立先是敬王四年子朝奔楚、

王雖反國然以子朝餘黨多在王城乃徙都成周而王城

藏書六十八卷　（明）李贄撰　（明）沈汝楫　（明）金嘉謨重
訂　**續藏書二十七卷**　（明）李贄撰　（明）柴應槐　（明）錢萬
國重訂　明刻本

　　20册。半葉十行，行二十二字。白口，四周單邊。開本：
26.7cm×17.3cm，版框：21.9cm×14.5cm。鈐"餘姚謝氏永耀樓藏書"印。

續藏書卷一

溫陵　李載贄　輯著

古吳　陳仁錫明卿評正

臣李贄曰、我

太祖高皇帝蓋千萬古之一帝也、古唯湯武庶幾近之、然

武未受命、非周公則無以安殷之忠臣、湯之受命也、

驩、非伊尹、則決不能免於太甲之顛覆、唯我

聖祖起自濠城以及即位前後幾五十年、無一日而不念

小民之依、無一時而不思得賢之輔、蓋自其託身皇

覺寺之日、巳憤然於貪官汙吏之虐民欲得而甘心

續藏書二十七卷　（明）李贄撰　明天啟間刻本

　　20冊。半葉十行，行二十二字。白口，四周單邊，單魚尾。開本：26.4cm×16.7cm，版框：21.8cm×14.7cm。

續藏書卷五

遜國名臣記

文皇卽位之歲八月得建文時羣臣封事千餘通命解縉
等檢閱凡言兵食事宜者留覽其詞涉干犯者悉焚不問
建文四年十一月都御史陳瑛請治建文諸奾事臣文
皇曰彼食其祿自盡其心爾勿問又曰諸臣盡忠於太
祖故盡忠於建文但惡其導誘建文變亂成法耳
永樂十一年正月勅法司解建文諸臣禁令
十四年諭法司奾惡齊黃等遠親未挐者悉宥之來告者
勿理

惟天為大
猶如此言

可惡

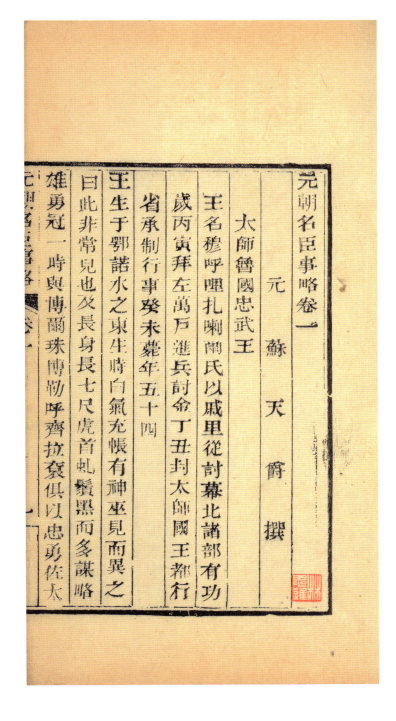

元朝名臣事略十五卷 （元）蘇天爵撰　清乾隆間刻武英殿聚珍版書本

4册。半葉九行，行二十一字。白口，四周雙邊，單魚尾。開本：28.4cm×16.9cm，版框：19.2cm×12.7cm。鈐"華陽林氏清寂堂藏""林思進"印。

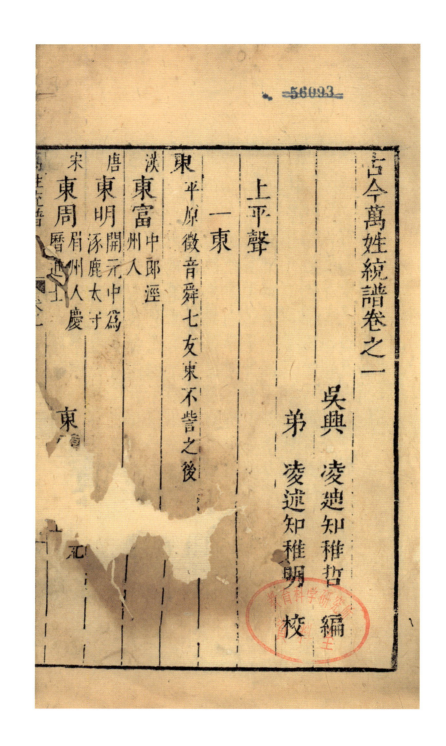

古今萬姓統譜一百四十卷歷代帝王姓系統譜六卷氏族博考十四卷

（明）凌迪知編　明萬曆七年（1579）刻本

　　40册（6函）。半葉九行，行二十字。白口，四周單邊，單魚尾。

開本：26.0cm×16.3cm，版框：20.5cm×13.8cm。

闕里文獻考卷一

世系第一之一

至聖先師孔子諱丘字仲尼本姓子氏殷之裔也昔黃帝二十五子

其得姓者十四人元囂得姓己氏元囂及子蟜極皆不得在位至孫

帝嚳承顓頊有天下是爲高辛氏契帝嚳子也佐禹治水有功舜命

爲司徒敷五教封於商賜姓子氏契卒子昭明立昭明卒子相土立

相土卒子昌若立昌若卒子曹圉立曹圉卒子冥立冥卒子振立振

卒子微立微立微字上甲其母以甲日生故也商家生子以日爲字蓋自

微始微卒子報丁立報丁卒子報乙立報乙卒子報內立報內卒子

主壬立主壬卒子主癸立主癸卒天乙名履伐夏有天下

國號商是爲成湯湯太子太丁之子太甲克修祖德廟號太宗太甲

生太庚太庚生太戊太戊廟號中宗生河亶甲河亶甲生祖乙祖乙

生祖辛祖辛生祖丁祖丁生小乙小乙生武丁武丁廟號高宗生祖

（版心）闕里文獻考卷一　世系一

關里文獻考一百卷首一卷末一卷　　（清）孔繼汾撰　清乾隆

二十七年（1762）刻本

　　8册。半葉十三行，行二十六字。黑口，左右雙邊，雙魚尾。開本：

25.0cm×16.4cm，版框：19.2cm×14.7cm。鈐"羅田縣印"印。

豫章羅先生事實

先生諱從彥字仲素家世隱士先生自幼穎悟不爲

言語文字之學及長堅苦刻厲篤意求道初從審律

吳公國華游。已而聞龜山先生得伊洛之學於河南

遂往學焉廼知舊日之學非也三日驚汗浹背曰幾

枉過了一生龜山倡道東南從遊者千餘人然語其

潛思力行任重詣極如先生一人而已嘗講易至乾

九四一爻龜山云嘗聞伊川先生說得甚好遂歸田

裹糧至浴見伊川其所聞亦不外龜山之說及歸於

延平四先生年譜四種　　（清）毛念恃編　　清乾隆十年（1745）瀅陽張坦刻本

　　2冊（1函）。半葉九行，行二十字。白口，四周雙邊，單魚尾。開本：26.3cm×16.3cm，版框：20.0cm×14.5cm。

孔子年譜綱目序

於元開夏先生先生出所編

揚之康山草堂及丁亥之冬適秦郵問道

年來荷同門社盟姚永言先生假寓於維

而聖人而君子實不敢輒病瘵之思乙酉

旅人卽風蒙大難室盧丘墟雖徙倚靡定

孔子年譜綱目序

孔子年譜綱目教朗讀之見其因年紀事月

孔子年譜綱目一卷孔門弟子傳略二卷　（清）夏洪基編輯　清

初刻本

　1册。半葉九行，行二十一字（小字雙行同）。白口，四周單邊。

開本：25.8cm×16.4cm，版框：18.1cm×13.2cm。與"孔子世家考"合函。

孔門弟子傳略卷上

後學高郵夏洪基編輯

顏回

顏回字子淵魯人黃帝之後也武王克商封陸終之裔
孫俠爲邾子其後夷甫 顏字伯 有功於周子友別封郳爲
小邾子遂以顏爲氏以其附庸於魯故世世仕魯爲卿
大夫自夷甫傳至緜娶齊姜氏而生回少孔子三十歲
天資明睿甫成童卽從於聖門潛心聖學 陋巷志〇論
語摘輔象云
顏淵山庭日角〇劉
書新論云顏淵重瞳 嘗問仁子曰克己復禮爲仁一日

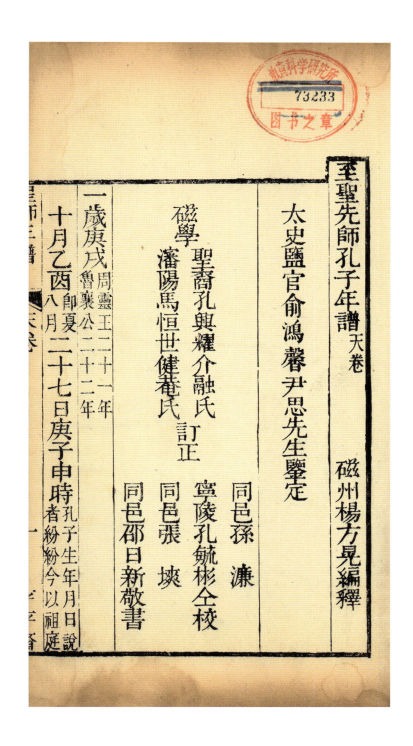

至聖先師孔子年譜三卷首一卷末一卷　　（清）楊方晃編釋　清

雍正十二年至乾隆二年（1734—1737）磁州楊方晃存存齋刻本

　　4冊：圖及像。半葉九行，行二十二字（小字雙行同）。白口，四

周單邊，單魚尾。開本：28.0cm×16.8cm，版框：19.9cm×14.0cm。缺

一卷：末一卷。

朱子年譜卷之一

王懋竑纂訂

高宗建炎四年庚戌秋九月甲寅先生生

行狀先生諱熹字仲晦父朱氏爲婺源著姓以儒名家吏部公擢進士第入官尚書郎兼史事以不附和議共國文章行義爲學者師號韋齋先生更部因仕入閩至先生始寓建之崇安五夫里今居建陽之考亭先生以建炎四年九月十五日午時生南劍尤溪之寓舍年譜先生本歙州人世居婺源之永平鄉尤溪松字喬年爲建州政和縣尉遭父喪事府君喪以貧不能歸遂葬其親於政和縣尉除調南劍尤溪縣尉嘗僑寓建劍二州是歲館於尤溪之鄭氏而先生生焉

朱子年譜四卷考异四卷附録二卷 （清）王懋竑編　清乾隆間寶

應王氏白田草堂刻本

　　4冊。半葉八行，行二十字（小字雙行同）。白口，左右雙邊，單魚尾。開本：23.8cm×15.6cm，版框：17.9cm×13.5cm。

王陽明先生年譜

先生諱守仁字伯安其先晉右軍將軍羲之

後世本瑯琊居山陰至二十三世迪功郎壽徙

餘姚壽五世孫綱官廣東叅議死苗難廟祀增

城綱生彥達號祕湖漁隱彥達生與準永樂間

舉遺逸不起號遯石翁會祖世傑以明經貢入

太學號槐里子祖天敍號竹軒父華號龍山由

進士及第第一人仕至南京吏部尚書龍山公

念山陰山水佳麗又爲先世故居復自餘姚徙

王陽明之三譜

卷一　一

王陽明先生年譜　明刻本

　　1册。半葉九行，行十九字。白口，四周雙邊，單魚尾。開本：
28.2cm×17.8cm，版框：18.9cm×14.0cm。

李恕谷先生年譜卷一　清苑馮辰撰

己亥順治十六年閏三月二十四日卯時先生生

先生姓李諱塨字剛主號恕谷始祖諱進忠本小興州

人明初遷北直隸保定府蠡縣西曹家蕞歷六世至高

祖諱運雄偉剛直賊劉六劉七作亂肆掠過門見其與

弟遷制梃巋然也不敢入曾祖諱應試號鵬庵縣學生

貝多長者行祖諱絑字素先剛直仁厚好施與父諱明

性字洞初號晦夫則海內所稱孝愨先生者也嫡母同

鄉耆德馬公女生母易州世襲錦衣衞指揮馬公女時

李恕谷先生年譜五卷　（清）馮辰編　（清）劉調贊續編　清乾隆元年（1736）刻本

　　2冊。半葉十行，行二十二字。黑口，四周單邊。開本：28.6cm×17.2cm，版框：16.5cm×12.4cm。

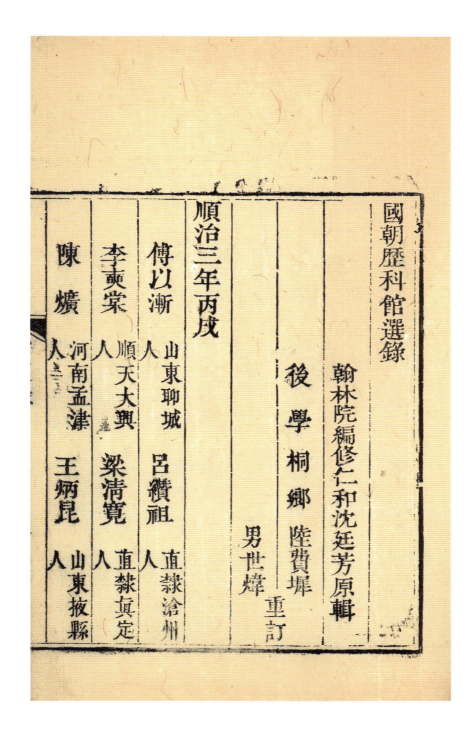

國朝歷科館選錄　（清）沈廷芳輯　（清）陸費墀　（清）陸世煒

重訂　清乾隆間刻本

2册。半葉八行，行十九字。白口，四周雙邊，單魚尾。開本：
23.5cm×16.0cm，版框：15.6cm×13.2cm。翰林院藏板。鈐"蘭丞藏書"印。

將德字院
出兵字

歐陽文忠公新唐書抄卷之上

歸安鹿門茅坤批評

志

兵志

按唐兵制爲古今最而歐陽公志文亦稱古
今絕調矣予故錄之

古之有天下國家者其典古治亂未始不以德而自
戰國秦漢以來鮮不以兵兵豈非重事哉然其因
時制變以苟利趨便之亦無所不爲而考其法制雖

歐陽文忠公新唐書抄二卷歐陽文忠公五代史抄二十卷　（宋）

歐陽修撰　（明）茅坤評　明刻本

　　10冊（2函）。半葉九行，行二十字。白口，四周單邊，單魚尾。

開本：26.3cm×17.1cm，版框：21.0cm×14.8cm。

欽定日下舊聞考卷一

星土

臣等謹按自周禮保章氏以星土辨九州之地而

後世之言分野者或以中宮斗杓或以二十八宿

或以天市垣或以五星至唐一行則又創爲山河

兩戒之說衆議紛繁立論各殊按唐杜佑分野議

謂以國之分野上酌天象始於周季然其可疑者

如周敬王魯哀公之時吳爲越所滅其後六十九

年始命韓趙魏爲諸侯又十七年三國始分晉地

欽定日下舊聞考一百六十卷 （清）于敏中　（清）竇光鼐等纂

修　清乾隆間武英殿刻本

48冊（6函）。半葉九行，行二十一字（小字雙行同）。白口，四周雙邊，單魚尾。開本：27.0cm×17.9cm，版框：18.2cm×14.4cm。鈐"黃岡杜本倫衛初氏藏書記"等印。

曲阜縣志卷之一

奎文第一之一

聖祖仁皇帝御製文

幸魯盛典序

朕惟自古帝王聲教翔洽風俗茂美莫不由於崇儒重道典

學右文用能發詩書之潤澤宣道德之閫與推厥淵源皆本

洙泗以故追崇之典歷代相仍或躬詣闕里修謁奠之儀潔

志肅容盡誠備物其閒禮數隨世損益至於希風教百代

式型異世同揆莫之或二猗歟盛矣朕臨御以來垂三十載

溯危微之統緒念生安之聖哲恒慮涼薄未克祗承用是夙

夜宣心孜孜不倦惟我至聖先師孔子配天地參陰陽模範

曲阜縣志卷一

奎文

一

［乾隆］曲阜縣志一百卷 （清）潘相纂修 清乾隆三十九年（1774）刻本

12册（2函）。半葉十一行，行二十三字（小字雙行同）。白口，左右雙邊，單魚尾。開本：23.5cm×16.1cm，版框：20.0cm×15.0cm。

水經注卷一

後魏酈道元撰

河水案二字原本誤連經文今改正近刻河水下有一二等字乃明人臆加今刪去

崑崙墟在西北

三成爲崑崙丘崑崙說曰崑崙之山三級下曰樊桐一名板桐案桐近刻二曰玄圃一名閬風上曰層城案層近刻作松刻作增一名天庭是爲太帝之居

去嵩高五萬里地之中也

禹本紀與此同高誘稱河出崑山伏流地中萬三千

水經注

卷一

二

水經注四十卷首一卷　（北魏）酈道元撰　清乾隆間浙江刻武英殿

聚珍版書本

　　16冊（3函）。半葉九行，行二十一字。白口，四周單邊．單魚尾。

開本：25.0cm×14.3cm，版框：18.8cm×12.5cm。

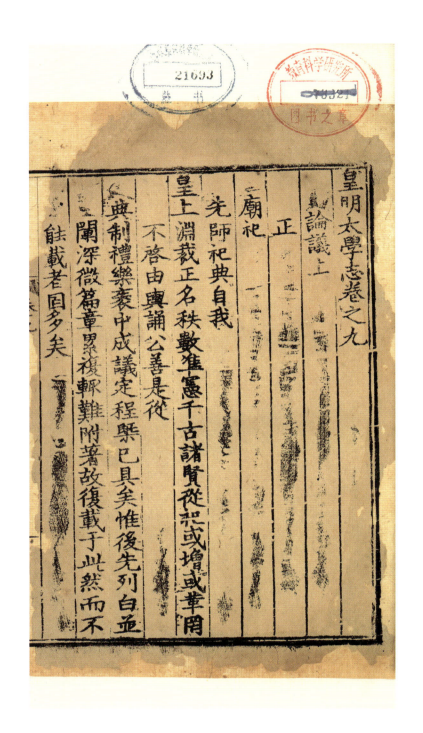

皇明太學志十二卷 （明）王材 （明）郭鎜等纂修 明嘉靖

三十六年（1557）刻遞修本

　　2冊。半葉十行，行二十一字。白口，四周雙邊。開本：29.4cm×18.7cm，
版框：21.1cm×15.0cm。存二卷：卷九至十。

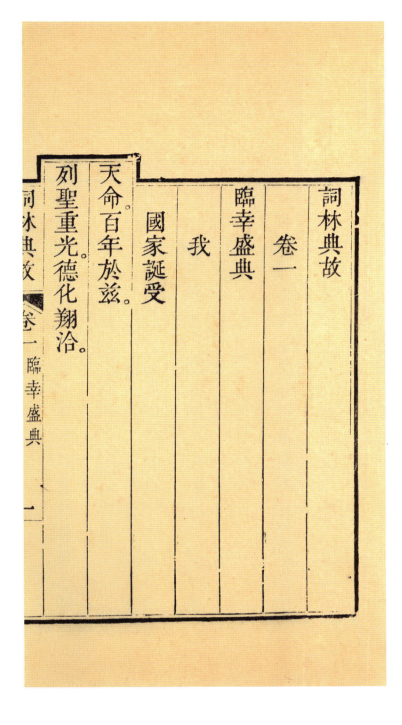

詞林典故八卷 （清）張廷玉等編　清乾隆間武英殿刻本

8冊。半葉七行，行十八字（小字雙行同）。白口，四周雙邊，單魚尾。
開本：28.7cm×17.4cm，版框：19.0cm×13.8cm。

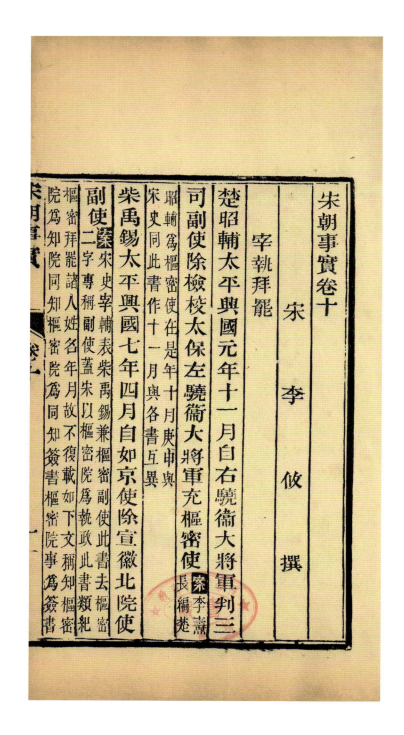

宋朝事實二十卷末一卷　（宋）李攸撰　清乾隆間武英殿木活字印本

9冊。半葉九行，行二十一字（小字雙行同）。白口，四周雙邊，單魚尾。開本：26.9cm×16.6cm，版框：19.1cm×12.6cm。存十一卷：卷十至二十。

欽定大清會典卷之一

宗人府

宗令一人。左右宗正各一人。左右宗人各一人

初制以親王郡王爲宗令。貝勒貝子爲宗正。鎮國輔國公爲宗人。厥後不拘一格。惟擇賢能者

之任。掌

皇族之屬籍。以時修輯

玉牒。辨昭穆序爵祿均其惠養而布之敎令凡親疏之

屬胥受治焉。

府丞一人。用漢。掌校理漢文冊籍。

左右二司每司理事官二人。副理官二人。主事

欽定大清會典一百卷　（清）允陶等纂修　清乾隆間刻本

　　20冊（2函）。半葉十行，行二十字（小字雙行同）。白口，四周雙邊，單魚尾。開本：30.6cm×20.1cm，版框：22.6cm×17.0cm。

幸魯盛典卷一

御製

至聖先師孔子廟碑

朕惟道原於天弘之者聖自庖犧氏觀圖畫象闡乾坤
之秘堯舜理析危微厥中允執禹親受其傳湯與文武
周公遞承其統靡不奉若天道建極綏猷夐乎尚矣孔
子生周之季葦布以老非若伏羲堯舜之聖焉而帝禹
湯文武之聖焉而王周公之聖焉而相也巋然以師道
作則與及門賢喆紹明絕業教思所及陶成萬世是伏
義堯舜禹湯文武周公之統惟孔子繼續而光大之矣

幸魯盛典

卷一

一

幸魯盛典四十卷 （清）孔毓圻編　清康熙間刻本

6册。半葉十行，行二十一字。白口，四周雙邊，單魚尾。開
本：28.1cm×17.2cm，版框：19.6cm×14.1cm。存二十二卷：卷一至
二十二。

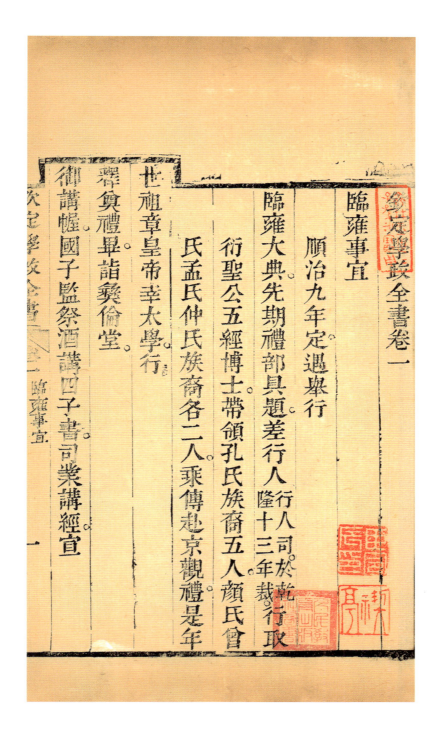

欽定學政全書八十二卷　（清）王傑等修　（清）廣興等纂　清
乾隆間禮部刻本

　　16冊（1函）。半葉九行，行二十字（小字雙行同）。白口，左右雙邊，
單魚尾。開本：28.1cm×17.8cm，版框：20.0cm×16.1cm。

經義考卷一

日講官　起居注翰林院檢討臣朱彝尊恭錄

廣西等處承宣布政使司布政使臣李　濤恭校

御注

御注孝經

一卷

順治十三年二月十五日

世祖章皇帝御製序曰朕惟孝者首百行而爲五倫之本天
地所以成化聖人所以立教通之乎萬世而無斁放之於四
海而皆準至矣哉誠無以加矣然其廣大雖包乎無外而其
淵源實本於因心遡厥初生咸知孺慕雖在顓蒙即備天良
故位無尊卑人無賢愚皆可以與知而與能是知孝者乃生

經義考

卷一

一

經義考三百卷目録二卷　　（清）朱彝尊編　　清康熙間刻乾隆二十
年（1755）盧見曾續刻乾隆四十二年（1777）重印本

52冊（7函）。半葉十二行，行二十三字。白口，四周單邊，單魚尾。
開本：24.9cm×15.9cm，版框：19.2cm×14.8cm。鈐"簡盦藏書之章"印。

新鐫增定歷代捷錄全編八卷首一卷 （明）顧充撰 （明）陳繼儒增訂 明梅墅石渠閣刻本

4冊。半葉九行，行十八字（小字雙行同）。白口，四周單邊，單魚尾。開本：24.9cm×13.6cm，版框：19.0cm×12.7cm。

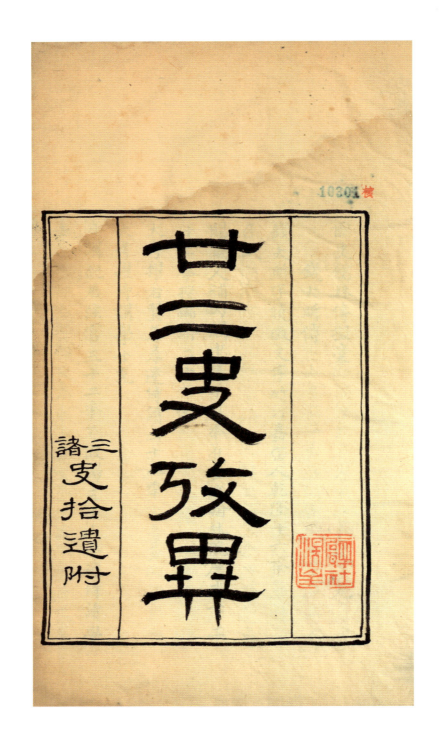

廿二史考异一百卷附三史拾遺五卷諸史拾遺五卷　（清）錢

大昕撰　清乾隆嘉慶間刻本

　　14册（3函）。半葉十行，行二十一字。白口，四周雙邊，單魚尾。
開本：28.6cm×18.0cm，版框：18.5cm×13.4cm。鈐"夏子猷印""訪
雪"印。

史記五

伯夷列傳

太史公曰余登箕山索隱云益楊惲東方朔見其文稱

余而加太史公曰也 子長書每篇稱太史公皆自

稱其官非他人所加亦非倳其父也賈生馮唐傳文

亦有稱余而不加太史公者

暴戾恣睢索隱云鄒誕生睢音千餘反劉氏音休季反

按雎睢二字形聲皆別從劉音字當从目從鄒音

字當从且小司馬兼存二音而不辯正何也李斯傳

攷異 史記五

十七史商榷卷一

史記一

史記集解分八十卷

東吳王鳴盛述

漢志史記百三十篇無卷數裴駰集解則分八十卷
見司馬貞史記索隱序隋志始以一篇爲一卷又別
列裴注八十卷新舊唐志亦然不知何人刻集解亦
以一篇爲一卷疑始于宋人今予所據常熟毛晉刻
正如此裴氏八十卷之舊不可復見不知其分卷若
何

十七史商榷一百卷目録一卷　（清）王鳴盛撰　清乾隆五十二年
（1787）洞涇草堂刻本

16 册（2 函）。半葉十行，行二十字。白口，四周雙邊。開本：
29.8cm×18.6cm，版框：18.4cm×13.5cm。鈐“宋咸熙印”“韓氏藏書”
等印。

子部

孔氏家語卷一

王肅注

相魯第

孔子初仕爲中都宰（中都魯邑）制爲養生送死之
節長幼異食（如禮年十五異食也）強弱異任（任謂力作之事各從所任）
男女別塗路無拾遺器不彫僞（弱也不用）（彫畫無文飾不詐僞）
爲四寸之棺五寸之槨（以木爲槨）因丘陵爲墳不
封不樹（不聚土以起墳者也　不樹松栢）行之一年而西方之諸
侯則焉（魯國在東故西方諸侯皆法則）定公謂孔子曰學子此
法以治魯國何如孔子對曰雖天下可乎何

孔氏家語十卷　　（三國魏）王肅注　　明崇禎間虞山毛氏汲古閣刻本

2册。半葉九行，行十七字。白口，左右雙邊。開本：26.3cm×16.9cm，版框：17.7cm×13.5cm。鈐"獨山莫棠""獨山莫氏銅井文房""文樂堂藏書記""吳江陳燮叔理氏印""安定郡圖書記"印。

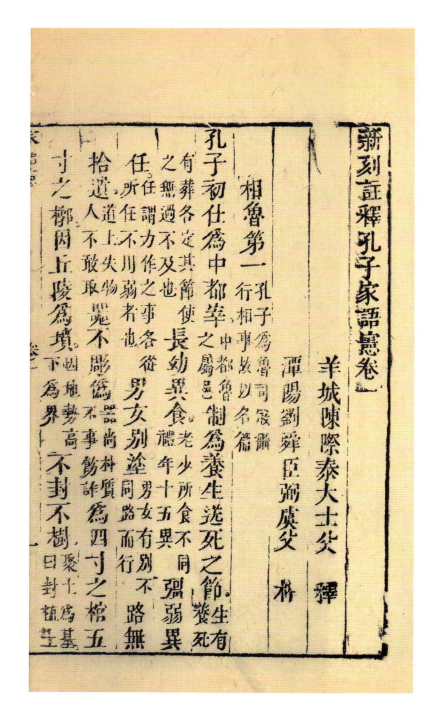

新刻注釋孔子家語憲四卷 （明）陳際泰釋注　明萬曆間潭陽劉舜臣刻本

4册。半葉九行，行二十一字（小字雙行同）。白口，四周單邊。開本：24.0cm×15.6cm，版框：19.8cm×12.4cm。

鼎刻楊先生註釋孔聖家語卷之一

會狀　崑阜　楊守勤　註釋

書林　建山　熊秉宸　梓行

相魯第一　孔子為魯司寇攝相事故以名篇

孔子初仕為中都宰　中都魯邑制為養生送死之節。生有長幼異食　禮老少所食十五異食異食不同疆弱異　養死

任之所任謂不用力作之事各從其宜也　男女別塗　同路而行別不　路無

拾遺　人道不上失取物者　器不彫偽。不事餚詐　為四寸之棺五　有蓋各定其中不及中節

寸之槨。因立陵為墳。下為地勢高　不封不樹　曰聚土封植為墓木

鼎刻楊先生注釋孔聖家語五卷首一卷　（明）楊守勤注釋　明

天啓六年（1626）福建種德堂熊秉宸刻本

1冊（圖）。半葉九行，行二十一字。白口，四周單邊，單魚尾。

開本：26.8cm×16.7cm，版框：20.5cm×12.4cm。

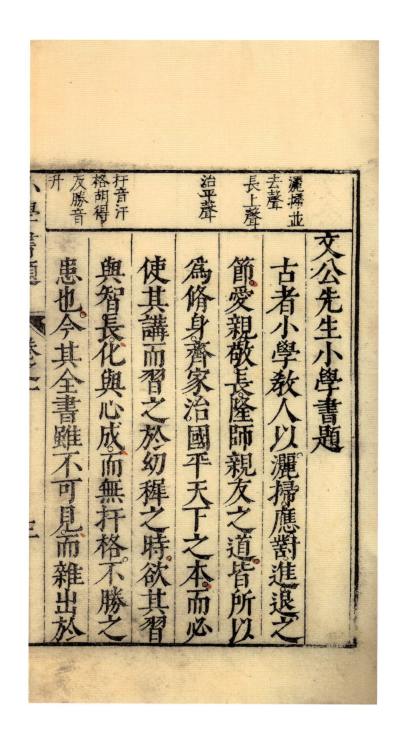

文公小學六卷附小學書綱領一卷文公先生年譜一卷　（宋）

朱熹撰　明萬曆三十七年（1609）趙良相刻本

　　8册。半葉七行，行十五字（小字雙行同）。白口，左右雙邊，單魚尾。開本：29.0cm×17.1cm，版框：20.7cm×13.6cm。

朱子語類卷第一

理氣上

太極天地上

問太極不是未有天地之先有箇渾成之物是天地萬物之理總名否曰太極只是天地萬物之理在天地言則天地中有太極在萬物言則萬物中各有太極未有天地之先畢竟是先有此理動而生陽亦只是理靜而生陰亦只是理問太極解何以先動而後靜用而後體先感而後寂曰在陰陽言則用在陽而體在陰然動靜無端陰陽無始不可分先後今只就起處言之畢竟動前又是靜用前又是體感前又是寂陽前又是陰而寂前又是感靜前又是動將何者爲先後不可只道今日動便爲姤而昨日靜更不說也如鼻息言呼吸

朱子語類一百四十卷 （宋）黎靖德輯 清康熙間呂氏寶誥堂刻本

30冊。半葉十二行，行二十四字。黑口，左右雙邊，雙魚尾。開本：24.6cm×16.2cm，版框：19.2cm×13.8cm。缺二十六卷：卷九十三至一百一十八。

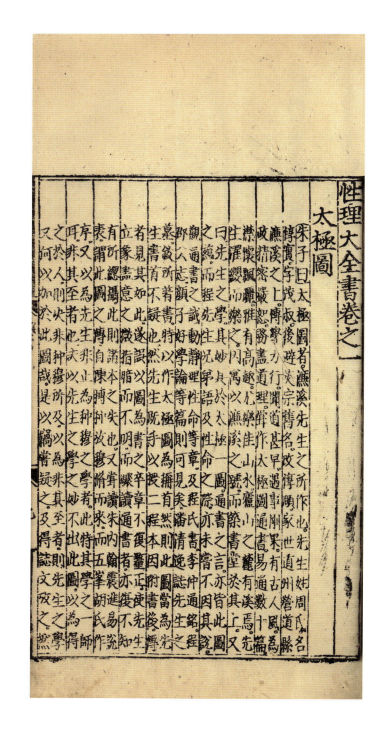

性理大全書七十卷　（明）胡廣等撰　明弘治五年（1492）梅隱精舍刻本

　　12册。半葉十二行，行二十字（小字雙行同）。細黑口，四周雙邊，雙魚尾。開本：27.0cm×15.5cm，版框：19.8cm×13.1cm。

大學衍義補卷之一

　明

　　　閣臣前國子監祭酒丘　濬進呈

　　　經筵日講官左諭德陳仁錫評閱

治國平天下之要

正朝廷

　總論朝廷之政

臣按宋儒眞德秀大學衍義格物致知之
要既有所謂審治體者矣而此治國平天
下之要又有正朝廷而總論朝廷之政何
也蓋前之所審者治平之體言其理也此

大學衍義補　卷之一　總論朝廷之政　一

大學衍義補一百六十卷首一卷　　（明）丘濬撰　　（明）陳仁錫評
閱　明刻本

　　32册（5函）。半葉十行，行二十字（小字雙行同）。白口，四周單邊，
單魚尾。開本：26.9cm×16.3cm，版框：21.5cm×14.1cm。

精刻大學衍義補摘粹卷之一

乙五科

歙郡會魁海嶽許國選集
宣郡進士毅齋查鐸校正
後學　方塘查璣閱次
寓金陵三山街芝川查策繡粹

其為目凡十有二曰正朝廷曰正
百官曰固邦本曰制國用
曰明禮樂曰秩祭祀曰崇教化曰備
規制曰慎刑憲曰嚴武
備曰馭夷狄曰成功化
宮闕高深不出殿廷而得以知夫邑里邊鄙之情狀草澤幽遐
不履城闉而得以知夫
朝廷官府之政務

精刻大學衍義補摘粹十二卷　（明）許國輯　明隆慶間查策刻本

　　4册。半葉十一行，行二十四字。白口，四周雙邊，單魚尾。開本：25.4cm×15.7cm，版框：19.1cm×12.4cm。

胡敬齋先生居業錄卷之一

儀封張伯行孝先甫訂

　　受業諸子仝校

心性第一

今人言心學者便要說靜時無心居仁問之設若無
心亦須有理彼又應曰靜無而動有彼信以爲靜
時真無心與理矣夫天命之性與生俱生不可須
臾離故靜而未有事接之時則此心未動此理未
發然此時此心寂然在內此理全具于中故戒謹
恐懼以存養之若真無心與理又戒懼做甚又存

胡敬齋先生居業錄八卷明胡敬齋先生文集三卷　（明）胡居仁

撰　（清）張伯行訂　清康熙四十七年（1708）正誼堂刻本

　　6册。半葉九行，行二十字。白口，左右雙邊，單魚尾。開本：

25.7cm×16.7cm，版框：20.3cm×13.8cm。

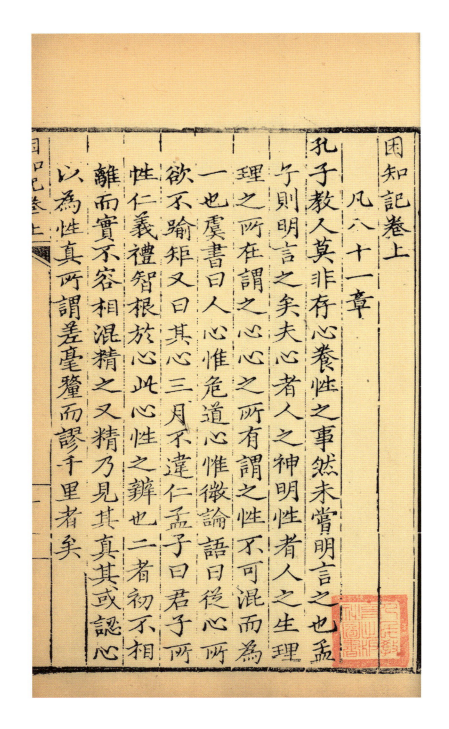

困知記二卷續二卷三續一卷四續一卷續補一卷外編一卷附錄一卷

（明）羅欽順撰　（清）汪紱讀評　清乾隆二十一年（1756）刻嘉慶四年（1799）補刻道光六年（1826）重修本

4冊。半葉十行，行二十字。白口，左右雙邊，單魚尾。開本：23.3cm×14.7cm，版框：19.1cm×13.0cm。

汪子中詮卷一萬曆丁亥戊子集辛丑

一秋巳刻於恒山公署

人心心也道心性也操舍存亡無定在不亦危乎民

葵帝則不能加損毫末不亦微乎中也者精微之

極也精而擇之執持衡是一而守之執握樞是故

盡其心之知者所以知性存其心所以養性

仁義禮智性也心之德也發揮於萬物而後性體見

焉以物則言秉葵者真知性命之情矣性藏用物

顯仁性其帝平心其宮闕乎物則萬方臣庶乎性

通於物而格物即所以知性其猶帝臨萬方乎萬

方克綏位乃不疚

中詮　　卷一

汪子中詮六卷　（明）汪應蛟撰　明萬曆四十六年（1618）刻本

3 册。半葉十行，行二十字。白口，四周單邊，單魚尾。開本：26.1cm×16.7cm，版框：20.8cm×14.3cm。敬思堂藏板。

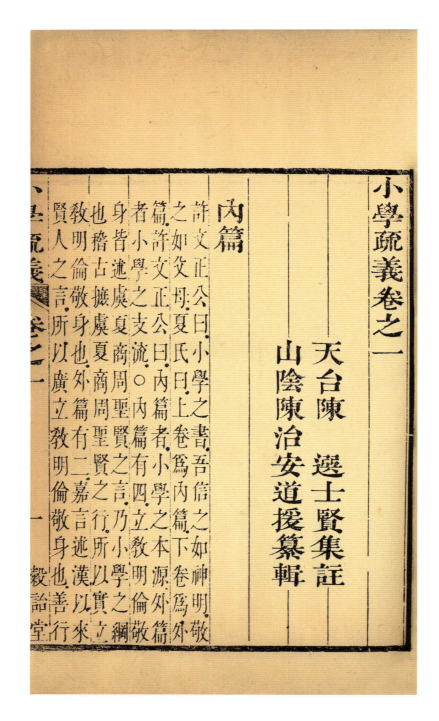

小學疏義六卷 （明）陳選集注 （清）陳治安纂輯 清康熙
四十二年（1703）刻本

4冊。半葉九行，行十七字（小字雙行同）。白口，左右雙邊，單
魚尾。開本：25.1cm×16.2cm，版框：18.1cm×14.0cm。書名頁題"小
學集注疏義新本"，序題"小學句讀"。穀詒堂藏板。

小學集注六卷　（明）陳選集注　清乾隆間蓮花書院刻本

4冊。半葉上下兩欄。上欄爲小學名解，二十四行，行十八字。下欄爲本書，九行，行十四字（小字雙行同）。白口，四周雙邊，單魚尾。開本：25.8cm×15.8cm，版框：21.0cm×13.8cm。書名頁題"小學注解"。

聖學知統錄

栢鄉魏裔介卓卿著

男荔彤編輯

伏羲

繫詞下傳云古者庖羲氏之王天下也仰則觀象於
天俯則觀法於地觀鳥獸之文與地之宜近取諸身
遠取諸物於是始作八卦以通神明之德以類萬物
之情

朱熹曰伏羲畫八卦乃萬世文字之祖

魏裔介曰道本於天人能弘之伏羲以前非無聖

聖學知統錄二卷 （清）魏裔介撰　清康熙間龍江書院刻本

　　2冊。半葉九行，行二十字。白口，左右雙邊，單魚尾。開本：
26.5cm×15.5cm，版框：18.8cm×13.6cm。

養正類編卷之一

儀封張伯行孝先甫纂　　　後學　　　　　閩縣林　緒子紳

海澄鄭亦鄒居仲
福清翁葉峻維幾　仝校
閩清鄭　郯官五

朱子童蒙須知

夫童蒙之學始於衣服冠履次及語言步趨次及灑掃涓
潔次及讀書寫文字及有雜細事宜皆所當知今逐條
列名曰童蒙須知若其修身治心事親接物與夫窮理
盡性之要自有聖賢典訓昭然可考當次第曉達茲不

養正類編二十二卷　　（清）張伯行編輯　清康熙四十六年（1707）
儀封張伯行正誼堂刻本

　　4冊。半葉十行，行二十二字。白口，四周單邊，單魚尾。開
本：26.1cm×15.3cm，版框：19.9cm×14.1cm。存二十一卷：卷一至
二十一。

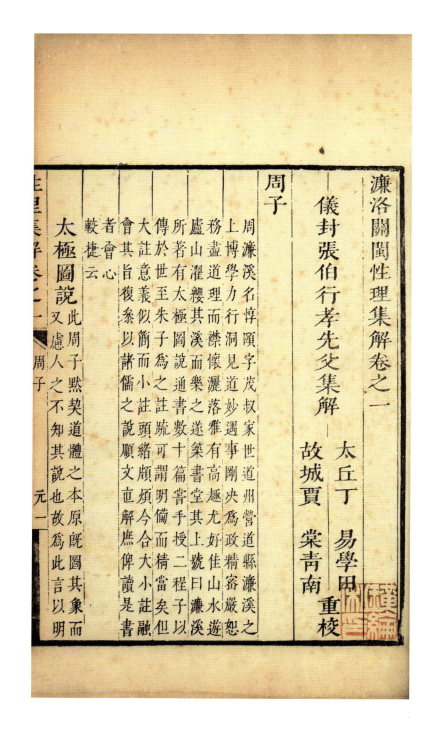

濂洛關閩性理集解四卷 （清）張伯行集解　清康熙間刻本

　　4冊。半葉十行，行二十一字（小字雙行同）。黑口，左右雙邊，單魚尾。開本：25.8cm×16.1cm，版框：18.5cm×14.0cm。鈐"李璜綸印""菊陰書屋""樂城秀三紀氏藏書之印""東禺宋氏藏書之印"等印。

女學卷一

漳浦藍鼎元玉霖編

女學總要

○女子之學。一曰婦德。二曰婦言。三曰婦容。四曰婦功。

○孔子曰。婦人伏於人也。是故無專制之義。有三從之道。在家從父適人從夫夫死從子。無所敢自遂也。節婦有七去。不順父母去。無子去。淫去。妒去。有惡疾去。多言去。竊盜去。

女學六卷　（清）藍鼎元編　清康熙間刻本

　　4冊。半葉九行，行十七字（小字雙行同）。白口，左右雙邊，單魚尾。開本：26.8cm×18.4cm，版框：18.1cm×14.3cm。鈐"厚盦藏書""許澤新印"印。

先儒正修録 前帙

宋潛溪先生蘿山雜言

先生名濂字景濂浙江金華人應明太祖徵召歷官贊善大夫謚文憲

石州于 準萊公篆

濂自居青蘿山山深無來者輒日玩天人之理久之似覺
廬有所得作蘿山雜言
君子之道與天地並運與日月並明與四時並行沖然若虛
淵然若潛渾然若無隅凝然若弗移克然若不可以形拘測
之而弗知用之而弗窮唯其弗知是以極微唯其弗窮是以
有終
至虛至靈者心視之無形聽之無聲探之不見其所廬一或
觸焉繽繽乎萃也炎炎乎爇也莽莽乎馳弗息也苟不以畏

三修録 宋潛溪先生

前帙

先儒正修録三卷先儒齊治録三卷 （清）于準撰　清康熙間刻本

6冊。半葉十二行，行二十三字。白口，左右雙邊，單魚尾。開本：25.9cm×17.2cm，版框：18.2cm×14.3cm。鈐"古修堂珍藏圖書"印。

五子近思錄發明卷之一

道體

　　新安施　璜虹玉甫纂註

　　同里　　吳曰慎徽仲甫閱正

　　　　　　汪鑑晦叔甫

平巖葉氏曰此卷論性之本原道之體統蓋學問
之綱領也思按聖人未嘗輕以性之本原語人朱
子編輯此書為四書六經之階梯乃始學者之事
而首卷便掇取太極圖說冠於篇端蓋朱子
教人從事以至於命而已雖不出於所以為聖賢者不
過窮理盡性以至於命而已然不知其躐等驟之就
之本原不得其正而惑於他歧之就焉故首列太極
何恐不向

五子近思録發明十四卷　　（清）施璜纂注　　清康熙間刻本

　　8册。半葉九行，行二十字（小字雙行同）。黑口，左右雙邊，單魚尾。開本：23.0cm×15.2cm，版框：19.6cm×13.7cm。英秀堂藏板。

讀書日記卷之一

安邱劉源淥直齋甫著

歸安陸　師巢雲甫定

後學馬長淑漢荀甫較

記疑　起庚子止辛亥凡七十條

聖人經書原以供後學實用讀者尋章摘句以搆浮文

而世事人情毫不通曉一見利欲逐而去之本末皆

失誦讀何益豈不枉費一生功力　庚子五月八日

鬼神仁愛所以報小人者常不肯盡盖冀其改也十一月十六日

讀書日記六卷補編二卷　（清）劉源淥著　清雍正間刻本

　　4册。半葉十行，行二十一字。黑口，左右雙邊，雙魚尾。開本：26.8cm×15.3cm，版框：17.3cm×12.7cm。書名頁題 "劉直齋先生讀書日記"。

西齋語錄卷之一

　總論經書

俗語云好話人人都會說好話個個不能行竊思好
話人固不能行好話人亦不會說蓋言者心之聲
也人之心必至公至明大中至正其發而爲言則
無私無曲不偏不倚而表裏精粗內外本末無所
不到故聖人之言吐辭爲經傳流萬世而不可易
賢人之言抑揚少偏陷入異端而不自知常人之
言每有出於無心而合乎至理者學者之言每有

西齋語錄
卷之一
總論經書
一

西齋語録四卷　（清）郭元鎬撰　清乾隆二十四年（1759）介邑嗝

嗝堂刻本

　　4册。半葉九行，行二十字。白口，左右雙邊，單魚尾。開本：

24.4cm×16.8cm，版框：20.9cm×15.0cm。

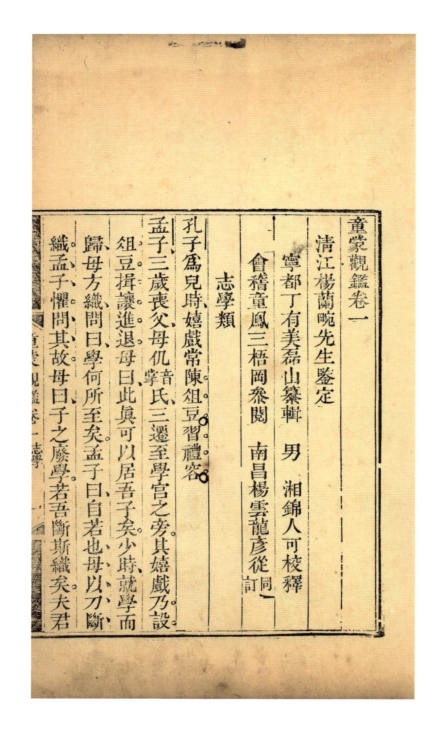

童蒙觀鑑六卷附一卷　（清）丁有美纂輯　清乾隆三十六年（1771）姑蘇穆大展刻本

　　2冊。半葉十行，行二十二字（小字雙行同）。黑口，四周雙邊，雙魚尾。開本：26.1cm×16.5cm，版框：16.9cm×13.3cm。吳門咏春堂藏板。鈐"果行育德"印。

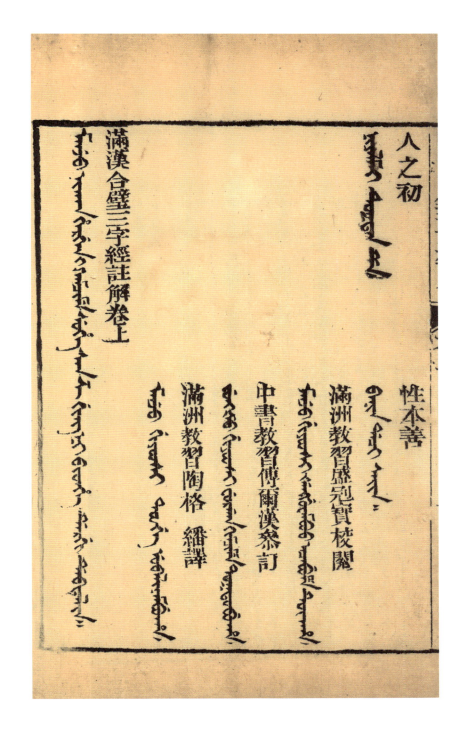

滿漢合璧三字經注解二卷 （清）陶格譯　清乾隆六十年（1795）

京都二南堂刻本

　　2册。行字不一。白口，四周單邊，單魚尾。開本：24.0cm×15.4cm，
版框：18.7cm×14.0cm。

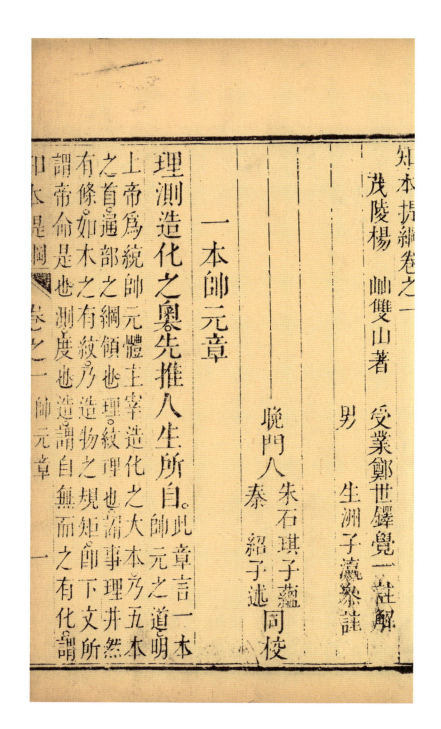

知本提綱十卷 （清）楊屾撰 （清）鄭世鐸注解 清乾隆十二年
（1747）崇本齋刻本

8冊。半葉八行，行十七字（小字雙行同）。白口，四周雙邊，單
魚尾。開本：25.2cm×15.9cm，版框：20.1cm×14.1cm。鈐"寶珊"印。

清河書畫舫鶖字號

吳郡張丑青父造

三國

鍾繇

摹鍾鼎篆正考父鼎銘　季直表

韓存良太史購藏鍾元常摹鍾鼎篆正考父鼎銘當爲

魏漢遺墨之冠其次則王元美尚書家正書薦季直表

上有畫錦堂等印及元人跋尾此帖紙墨奇古筆法深

沉而識者定爲唐人摸本非眞跡云元美續收褚河南

清河書畫舫

鍾繇

鶖

清河書畫舫十二卷附鑒古百一詩　（明）張丑撰　清乾隆二十八
年（1763）仁和吳長元池北草堂刻本

12冊（2函）。半葉九行，行二十二字。黑口，左右雙邊。開本：
19.0cm×11.3cm，版框：13.7cm×9.8cm。

容齋隨筆卷第一 二十九則

子老去習懶讀書不多意之所之隨即紀錄

因其後先無復詮次故目之曰隨筆淳熙□

子鄱陽洪邁景盧

歐率更帖

臨川石刻雜法帖一卷載歐陽率更一帖云年

二十餘至鄱陽地沃土平飲食豐賤衆士往往

湊聚每日賞華恣口所須其二張才華議論一

特俊傑殷薛二俟故不可言戴君國士出言便

容齋隨筆 卷第一 一

容齋隨筆十六卷續筆十六卷三筆十六卷四筆十六卷五筆十卷

（宋）洪邁撰　明崇禎三年（1630）馬元調刻本

　　14冊（2函）。半葉九行，行十八字。白口，左右雙邊。開本：27.6cm×17.0cm，版框：19.5cm×14.0cm。書名頁題"洪容齋五筆"。洪氏藏板。

容齋隨筆卷第一 二十九則

予老去習懶讀書不多意之所之隨即紀錄
因其後先無復詮次故目之曰隨筆淳熙庚
子鄱陽洪邁景盧

歐率更帖

臨川石刻雜法帖一卷載歐陽率更一帖云年
二十餘至鄱陽地沃土平飲食豐賤眾士往往
湊聚每日賞華恣口所須其二張才華議論一
時俊傑殷薛二佚故不可言戴君國士出言便

子部

容齋隨筆十六卷續筆十六卷三筆十六卷四筆十六卷五筆十卷

（宋）洪邁撰　明崇禎間刻清康熙間洪璟重修本

　　16冊（4函）。半葉九行，行十八字。黑口，左右雙邊。開本：
25.0cm×16.0cm，版框：19.1cm×13.7cm。

筆共七十四卷宋嘉定中公從孫寺簿倣錢木
於章貢郡齋明宏治中沁水御史李公瀚又嘗
序而梓之其嘉惠來學爲讀書稽古之益者豈
爲少哉吾家舊有此書乃嘉定夔先生子柔俾
其門人馬巽甫氏刻而行世者又嘗補其殘缺
訂其舛譌流傳於今亦巳七十餘年矣從子天
爵自璆邑得此版而歸於　璟　其有關失者一
補正完好重爲披讀如獲重器焉煕愧學殖荒
落不能發明其萬一而公之霈句後人者巳歷

五百年所又世為家藏之舊用以公諸天下博

雅嗜古之儒未必不如瑚璉簠簋三代法物登

之宗廟可以觀禮與他玩好者殊異也公父子

兄弟忠孝大節炳在宋史人皆知之又公所著

有文集唐人萬首絕句夷堅志等書其題跋一

種今刻於津逮祕書中又巽甫刻有夢溪筆談

與是書如合璧然皆天下之公物也 璟喜是書

之歸而有光復舊物之意因志其本末如此云

康熙三十九年春三月族孫璟謹書

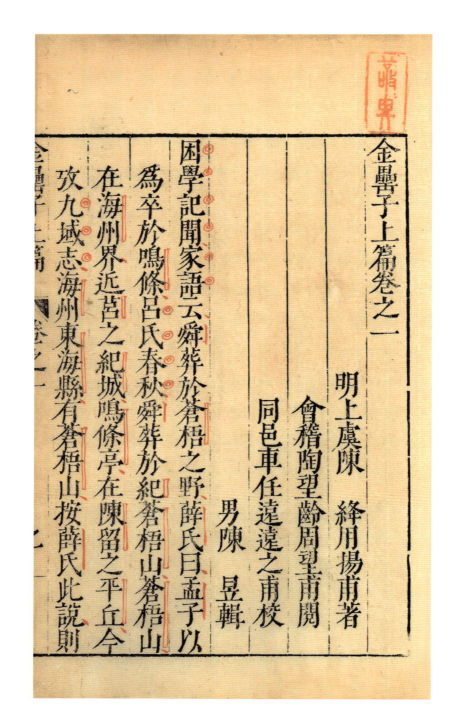

金罍子上篇卷之一

明上虞陳　　絳川揚甫著
會稽陶望齡周望甫閲
同邑車任遠遠之甫校
男陳　昱輯

困學記聞家語云舜葬於蒼梧之野薛氏曰孟子以
爲卒於鳴條呂氏春秋舜葬於紀蒼梧山蒼梧山
在海州界近莒之紀城鳴條徑亭在陳留之平丘今
攻九城志海州東海縣有蒼梧山按薛氏此說則

金罍子上篇二十卷中篇十二卷下篇十二卷　（明）陳絳著　（明）
陳昱輯　明萬曆間刻本
　　12冊。半葉九行，行二十字。白口，四周單邊，單魚尾。開本：
26.0cm×16.6cm，版框：20.4cm×14.1cm。鈐"黃肇敏印""亨戌"印。

海昌講學會語卷之一

聖學之一　體曲極見　　許酉山先生

無極而太極者生天地生人生物之根也自太極

判天地爲人大父母爲萬物大眞宰由是生生不已

其德也氣化不齊其勢也聖人出直悟元始所同來

處而立誠以盡之缺陷則補生成則大合人物爲一

氣通古今于一息是名道也轉移造化驅役羣靈極

顯仁藏用之妙用總合無聲無臭之本體其聖而不

可知之謂神乎所謂無極而太極者不可得見不可

得名將奈之何賴有伏羲氏十數大聖特地畫以一

天中許子政學合一集十卷　（清）許三禮撰　清康熙間刻光緒間補刻本

　　4册。行字不一。開本：24.8cm×16.8cm，版框：20.4cm×14.6cm。告天樓藏板。鈐"倫叙堂家藏"印。

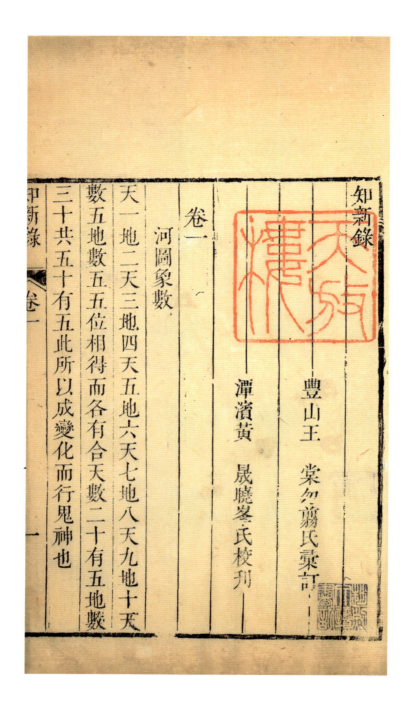

知新錄三十二卷 （清）王棠撰　清康熙五十六年（1717）王棠燕

在閣刻乾隆間黃晟重修本

16冊。半葉十行，行二十一字。白口，四周單邊，單魚尾。開本：
25.4cm×15.6cm，版框：18.4cm×13.8cm。有同治十三年（1874）趙烈
文墨筆題記。鈐"天放樓"、"陽湖趙烈文字惠父號能静僑於海虞築
天放樓收庋文翰之記"朱印，"趙烈文讀書記"藍印等。

慈溪黃氏日抄分類卷之一

慈溪黃　震　東發　編輯

讀孝經

漢興河間人顏芝之子得孝經十八章是為今文孝經〔魯恭王
壞孔子室壁得孝經二十二章是為古文孝經鄭康成諸儒主
今文孔安國馬融主古文而今文獨行唐明皇詔議二家乾從
劉知幾謂宜行古文諸儒爭之卒亦行今文明皇自註孝經遂
用今文十八章者為定本我朝〔司馬溫公在秘閣始專主古文
孝經作為指解而上之至以世俗信為疑真為言愚議按孝經一
耳古今文特所傳微有不同如首章本文云仲尼居曾子侍
古文則云仲尼閒居曾子侍坐今文云子曰參先王有至德要道今文云夫孝德之本教之所由生文之或增或
古文則云子曰參先王有至德之本教之所由生也古文則云
之所由生也古文則云子曰參先王有至德之本教之所由生也於分章之多寡今文三小章
減不過如此於大義固無不同至於分章之多寡今文三小章

慈溪黃氏日抄分類九十七卷慈溪黃氏日抄分類古今紀要十九卷

（宋）黃震編輯　清乾隆三十二年（1767）新安汪佩鍔刻本

　　30冊（4函）。慈溪黃氏日抄分類，半葉十四行，行二十六字，黑口，四周雙邊，雙魚尾。慈溪黃氏日抄分類古今紀要，半葉十二行，行二十二字，黑口，四周雙邊，雙魚尾。開本：24.1cm×15.2cm，版框：19.4cm×13.5cm。鈐"溫如"印。

能改齋漫錄卷之一

宋臨川吳曾虎臣纂

事始

樓羅

黃朝英緗素雜記論樓羅云酉陽雜俎云樓羅因天寶
中進士有東西㽵各有聲勢稍儋者多會於酒樓食畢
羅故有此語子讀粲元帝風人辭云城頭網雀樓羅人
着則知樓羅之言起已多時又蘇鶚演義云樓羅幹丁
之稱也俗云驒之大者曰樓驒驒羅聲相近非也又云

能改齋漫錄十八卷 （宋）吳曾撰　清乾隆間臨嘯書屋木活字印本

10冊。半葉九行，行二十一字。白口，左右雙邊，單魚尾。開本：25.6cm×16.1cm，版框：20.1cm×13.9cm。

七修類藁卷一　　　　　明仁和郎瑛仁寶甫述

天地類

經星牛女

容齋隨筆辯鬼宿庾河篇曰經星終古不動殊不思
天是動物經星即其體也蔡傳曰繞地左旋一日一
週而過一度夜視可知矣但不似緯星週天各有年
數牽牛織女七夕渡河之說始於淮南子烏鵲塡河
而渡織女續齊諧誌云七月牽牛嫁織女詩人後遂

七修類藁卷一　天地類　　一

七修類稿五十一卷　　（明）郎瑛撰　　清乾隆間周棨耕烟草堂刻本

16 册（2 函）。半葉九行，行二十字。黑口，左右雙邊。開本：
16.9cm×11.0cm，版框：13.2cm×9.7cm。鈐"敬甫氏書畫記"印。

十科策畧箋釋卷之一

金谿唐煌紫閣校

永新劉文安公手著

雲孫作檠註釋

嗣孫廷琨重訂

經科

問上古之書莫尊於周易禮大卜掌三易有連山

歸藏周易其詳可得聞與今之存者惟周易而重

十科策略箋釋十卷　　（明）劉文安撰　　（清）劉作梁注釋　　清雍正七年（1729）刻本

　　6冊（2函）。半葉九行，行二十字（小字雙行同）。白口，四周單邊，單魚尾。開本：23.7cm×14.2cm，版框：19.4cm×12.9cm。書名頁題"十科策畧"，版心題"劉文安公策畧"。

義門讀書記五十八卷　（清）何焯撰　（清）蔣維鈞編　清乾隆
十六年（1751）刻光緒六年（1880）重修本

　　16册。半葉十四行，行二十二字。黑口，左右雙邊，單魚尾。開本：
23.5cm×14.2cm，版框：15.2cm×12.1cm。

讀書小記　　（清）范爾梅撰　　清雍正七年（1729）刻本

　　12 册。半葉十行，行二十四字。白口，左右雙邊，單魚尾。開本：28.4cm×18.2cm，版框：18.9cm×13.7cm。敬恕堂藏板。

大學札記卷之一

雪菴范爾梅手著　　　　　　　　　　　　　岳宏勳

　　　　　　　　後學范鎔金校集　　　　　靳　璠

程子表章大學而又正其錯簡其功大矣姚江仍取古本謬

也

堯典曰克明峻德以親九族一節皋謨慎厥身修思永惇敘

九族庶明勵翼邇可遠在茲二節實大學之權輿

大學不言性而無非言性中庸不言心而無非言心聖賢著

書不在字句

陔餘叢考卷一

陽湖　趙翼　耘菘

五經正義

五經正義雖署孔頴達名然實非出一手顏師古傳太
宗以經籍去聖人遠文字訛謬令師古於秘書省考定
五經既成太宗又令諸儒詳覈諸儒傳習已久皆非之
師古引晉宋以來古今本援據詳明皆出其意表諸儒
始服是師古於此書功最深孔頴達傳亦云頴達與顏
師古司馬才章王恭等受詔譔五經義訓凡一百
八十卷名曰五經正義太宗命付國子監施行是師古
外又有司馬才章等參訂也未幾馬嘉運駁正其失衆

陔餘叢考四十三卷　（清）趙翼撰　清乾隆五十五年（1790）刻本

12冊（3函）。半葉十一行，行二十一字（小字雙行三十一字）。白口，左右雙邊，單魚尾。開本：25.5cm×16.0cm，版框：17.8cm×14.0cm。湛貽堂藏板。

居易録卷一

　　　　　濟南　王士禛　著

婺源黃衢昌刻朱范石湖詩集二十卷中多闕文吳郡
門人顧嗣協迂客亦刻石湖集摹宋板最工後村云石
湖詩三十四卷今顧刻卷數正合
慈谿友人姜宸英西溟示唐摹十七帖紙韌堅好點畫
無闕失眞古物也秀水曹侍郎秋岳溶跋云貞觀中
盛購右軍墨蹟裝業進士以草書來上首有十七日
字遂呼十七帖今石刻傳世有二本唐刻尾有敕字
及解勒褚校者卽此本也南唐後主得賀知章所臨

居易録三十四卷　　（清）王士禛撰　清康熙間刻後印本

　　10册（1函）。半葉十行，行二十字（小字雙行同）。黑口，左右雙邊，單魚尾。開本：24.4cm×15.1cm，版框：17.1cm×13.2cm。

北堂書鈔卷第一

唐　姚江　虞世南　輯

明海虞陳禹謨校并補註

帝王部

帝王總載一　　帝系二

誕載三　　奇表四

帝王總載一

皇者天人之總稱　帝者天號　正氣爲帝　帝者

天下之所適王者天下之所往也

文子曰帝者天下
之適也王者天下

北堂書鈔一百六十卷　（唐）虞世南輯　（明）陳禹謨補注　明萬
曆二十八年（1600）陳禹謨刻本

　　24册（4函）。半葉九行，行二十字（小字雙行同）。白口，左右雙邊，
單魚尾。開本：28.0cm×17.8cm，版框：21.8cm×14.6cm。鈐"半巢書
屋""半巢書屋主人李氏紹白珍藏"印。

藝文類聚卷第二十六

人部十 言志

言志

尚書曰詩言志禮記志之所至詩亦至焉詩之所至樂亦至焉
曰詩者志之所之也在心為志發言為詩　論語曰顏回季路侍子曰盍
各言爾志子路曰願車馬衣輕裘與朋友共弊之而無憾顏回曰願無伐
善無施勞子路曰願聞子之志子曰老者安之朋友信之少者懷之　又
子曰飯蔬食飲水曲肱而枕之樂亦在其中矣不義而富且貴於我如浮
雲　又曰葉公問孔子於子路子路不對子曰汝奚不曰其為人也發憤
忘食樂以忘憂不知老之將至云爾　又曰子路曾晳冉有公西華侍坐
子曰居則曰不吾知也如或知爾則何以哉子路率爾而對曰千乘之國
攝乎大國之間加之以師旅因之以飢饉由也為之比及三年可使有勇
且知方也夫子哂之求爾何如對曰方六七十如五六十求也為之比及
三年可使足民如其禮樂以俟君子赤爾何如對曰非曰能之願學焉宗

藝文類聚一百卷　（唐）歐陽詢輯　明嘉靖六年至七年（1527—1528）胡纘宗、陸采刻本

　　10冊（2函）。半葉十四行，行二十八字。白口，左右雙邊，單魚尾。開本：26.6cm×17.8cm，版框：22.4cm×16.0cm。存五十卷：卷二十六至七十五。

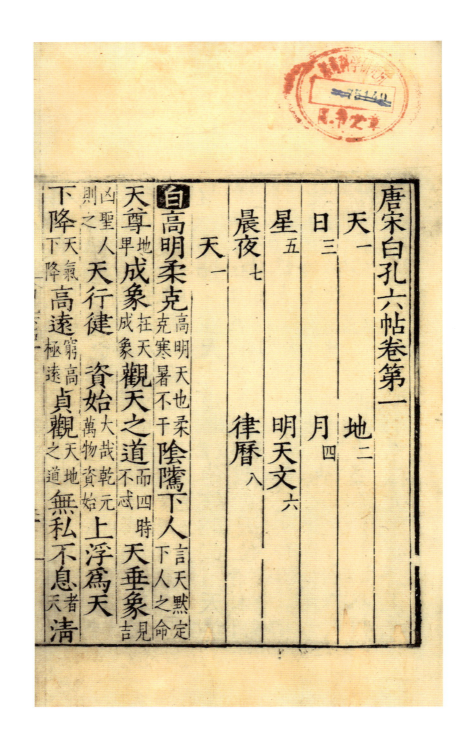

唐宋白孔六帖一百卷目錄二卷　（唐）白居易　（宋）孔傳輯

明嘉靖間刻本

　　60冊（2函）。半葉十行，行十八字（小字雙行同）。白口，左右雙邊，單魚尾。開本：27.9cm×18.4cm，版框：19.1cm×15.4cm。

唐類函卷一

天部一　天　日　月

明東吳俞安期彙纂

明同郡徐顯卿校訂

○天一
藝文
類聚

釋名曰天坦也坦然高而遠也

氣升而爲天　廣雅曰太初氣之始也清濁未分太

始形之始也清者爲精濁者爲形太素質之始也已

二氣相接剖判分離輕清者爲天

有素朴而未散也

周易曰大哉乾元萬物資始乃統天雲行雨施品

物理論曰水土之

唐類函二百卷目録二卷　（明）俞安期彙纂　（明）徐顯卿校訂

明刻本

　　80 册。半葉十行，行二十字（小字雙行同）。黑口，四周單邊，單魚尾。開本：25.0cm×16.3cm，版框：20.6cm×14.8cm。鈐"高陽齊氏"印。

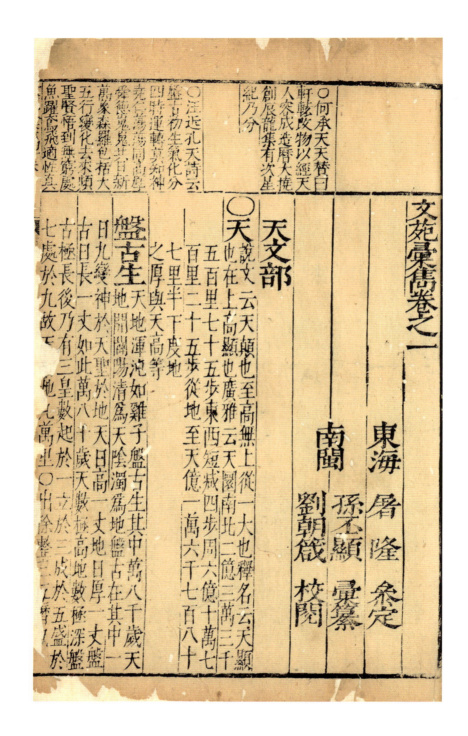

文苑彙雋二十四卷 　（明）孫丕顯輯　明萬曆間刻本

　　8册（2函）。半葉上下兩欄。下欄十一行，行二十一字（小字雙行同）。白口，四周單邊。開本：25.4cm×16.7cm，版框：22.6cm×14.8cm。

潛確居類書卷之一

官陳仁錫明卿父纂輯

區宇部九　四卷

四夷二　西北夷

西北夷

諸蠻

赤斤蒙古○周西戎韃國川氏○秦漢間屬匈奴武帝
特爲酒泉燉煌二郡唐末淺于吐蕃宋入西夏元
丞相苦术部落居北永樂初降附設衛授指揮官○
後數被土魯番侵擾與罕東等衛俱漸奔播貢道
一希絕產碙砂○肉從蓉胡桐律紫鞋汀草栢脉根沙

潛確居類書一百二十卷　（明）陳仁錫輯　明崇禎間刻本

　　43 册。半葉十行，行二十字。白口，四周單邊，單魚尾。開本：
25.3cm×16.4cm，版框：21.5cm×14.3cm。存一百零七卷：卷十四至
一百二十。鈐“湖溪邨農”印。

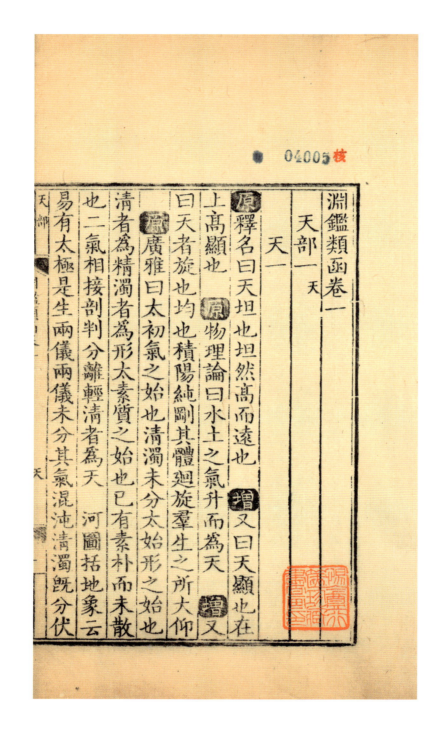

04005 核

淵鑑類函四百五十卷目録四卷　（清）張英等纂輯　清康熙間刻本

160册（16函）。半葉十行，行二十一字（小字雙行同）。黑口，四周雙邊，雙魚尾。開本：25.1cm×15.9cm，版框：16.8cm×11.6cm。清吟堂藏板。

類書纂要卷之一

武林次辰黃太史鑒定

無錫周魯南林　輯

同邑侯　昊仙蓓　叅

天文類

天地

天尊地卑　易知簡能　成象效法　靜專動直　大生

廣生　靜翕動闢　設位易行　其中闔戶坤闢戶乱兩

儀　貞觀　確然隤然乾健貌坤順貌　天地絪縕萬物化醇

熙熙　天覆育地穿壤天馮翼、未分堪輿總名　天圜地堒

類書纂要三十三卷　　（清）周魯輯　清康熙間姑蘇三槐堂刻本

22 冊（4 函）。半葉九行，行二十二字（小字雙行同）。白口，

四周單邊，單魚尾。開本：24.6cm×15.2cm，版框：19.5cm×11.8cm。

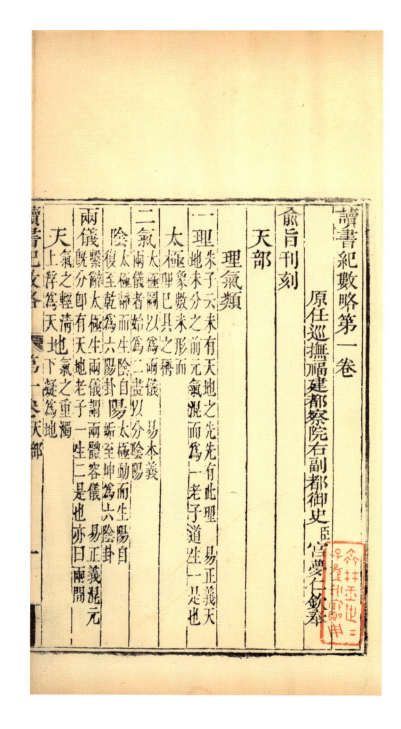

讀書紀數略五十四卷 （清）宮夢仁編纂　清康熙四十八年（1709）

刻本

　　8册。半葉十一行，行二十一字（小字雙行同）。黑口，四周雙邊，單魚尾。開本：23.1cm×13.2cm，版框：16.0cm×11.2cm。存三十卷：卷一至三十。鈐"齊林玉世世子孫永寶用"印。

四書古人典林卷之一

新安江　永慎修新編

及門諸子校閱

帝王部上

神農

厲山氏　[祭法]厲山氏之有天下也。[注]厲山氏一云烈山氏炎帝神農也。先嗇蜡之祭[郊特牲]主先嗇而祭司嗇也。先嗇神農也教民始為稼穡謂之先嗇神農火德王[記三皇紀]炎帝神農氏姜姓以火紀七[左昭十]炎帝龍而生長於姜水因以為姓以火德王故曰炎帝神農帝

四書古人典林十二卷　（清）江永編　清乾隆三十九年（1774）刻本

　　5册。半葉八行，行二十字（小字雙行同）。白口，左右雙邊，單魚尾。開本：24.9cm×16.5cm，版框：19.2cm×13.4cm。集道堂藏板。鈐"宜春花滿不飛香""汪揚芬印"印。

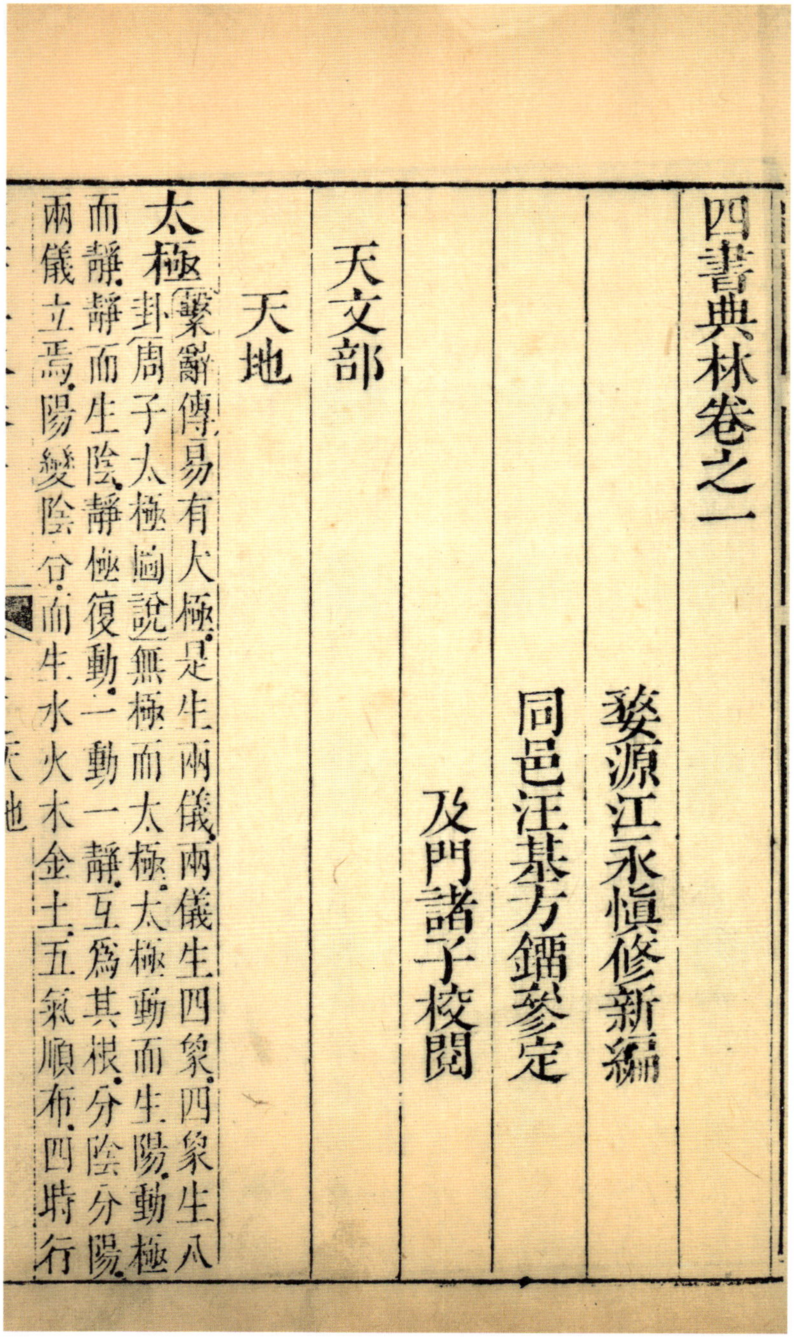
四書典林卷之一

婺源江永慎修新編

同邑汪基方鏞參定

及門諸子校閲

天文部

天地

太極（繫辭傳）易有太極是生兩儀兩儀生四象四象生八卦（周子太極圖說）無極而太極太極動而生陽動極而靜靜而生陰靜極復動一動一靜互爲其根分陰分陽兩儀立焉陽變陰合而生水火木金土五氣順布四時行

四書典林十二卷　（清）江永編　清乾隆間刻本

6 册。半葉八行，行二十二字（小字雙行同）。白口，左右雙邊，單魚尾。開本：24.9cm × 15.5cm，版框：19.7cm × 13.8cm。鈐“傅岩”“讀書便佳”印。

四書琳琅冰鑑卷之一

山左南翼正誼堂藏書

上浣高其閣岸登註釋

天文部

　天地

太極動靜生陽生陰二氣升沉爲清爲濁湛與無垠乾坤剖判貞

觀有道高厚奠居元黄不改道恒外而不渝隤確自如情正大而

穀鎮謹光翔諧團

南翼傳京樹今臺　全校

武水王　銳勉齋

召波焦墨林帶南

四書琳琅冰鑑五十四卷　　（清）董餘峰輯　　（清）高其閣注釋

清乾隆三十九年（1774）正誼堂刻本

　　10册（2函）。半葉九行，行二十五字（小字雙行同）。白口，四周雙邊，單魚尾。開本：24.1cm×15.7cm，版框：20.1cm×14.1cm。

集部

楚辭卷一

宋新安朱　　熹集註

明欏李齊之起訐校

離騷經

離騷經者屈原之所作也屈原名平與楚同姓仕於
懷王為三閭大夫三閭之職掌王族三姓曰昭屈景
戰國柰事有昭奚恤几郤鉅奈二天楚武王子瑕食采
於屈因以為屈申屈平蓋其後又云景氏
有景差是也　漢
屈原序其譜屬幸其賢良以厲國士人
音洪開中
則與王圖議政事決定嫌疑出則臨察舉事以應對諸

七十二家批評楚辭集注　（宋）朱熹集注　（明）蔣之翹評校

明天啓六年（1626）刻本

　　12冊。半葉九行，行二十一字（小字雙行同）。白口，四周單邊。開本：25.4cm×16.4cm，版框：20.5cm×13.7cm。存二十一卷：楚辭集注八卷、附覽二卷、辯證二卷、後語八卷、首一卷。鈐"阿蘭若室""許錫英九雲氏""阿蘭若室所藏"印。

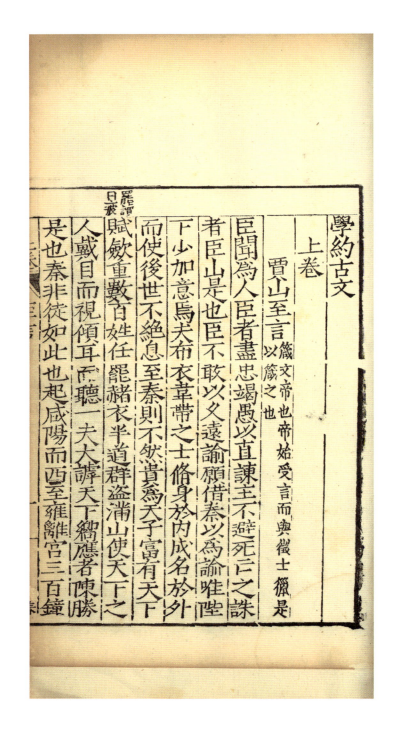

學約古文三卷末一卷 （明）陳善輯　明嘉靖三十七年（1558）刻本

　　12冊。半葉十行，行二十字（小字雙行同）。白口，四周單邊，單魚尾。開本：29.3cm×16.7cm，版框：19.5cm×14.1cm。鈐"思薾樓"等印。

全唐詩九百卷目録十二卷　　（清）曹寅　（清）彭定求等輯　清康熙間揚州詩局刻本

　　120 冊。半葉十一行，行二十一字。白口，左右雙邊，雙魚尾。開本：22.6cm×14.7cm，版框：16.6cm×11.7cm。鈐“施”“夢玉氏”“叔虞珍藏”等印。

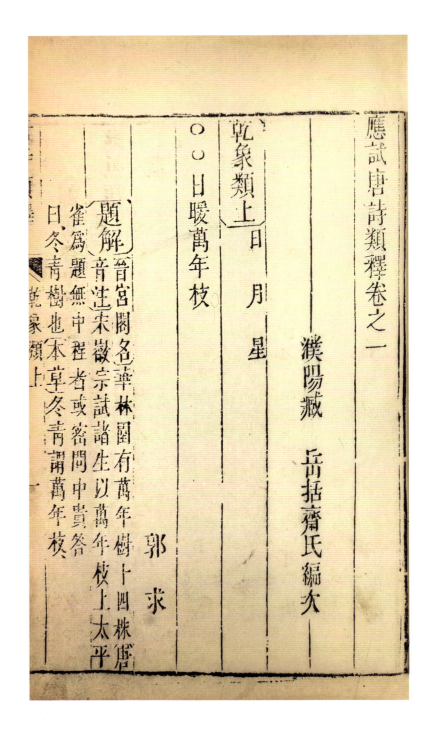

應試唐詩類釋十九卷　　（清）臧岳編　清乾隆二十六年（1761）刻本

　　6冊。半葉八行，行二十字。白口，左右雙邊，單魚尾。開本：24.5cm×15.4cm，版框：20.8cm×13.5cm。書名頁題"閏式堂唐詩類釋"。鈐"錫泉""卓亭"印。

濂洛風雅卷一

周濂溪

五言古詩

濂溪書堂

元子溪口濂詩傳到於今此俗良易化不欺顧相欽廬
山我久愛買田山之陰田間有清水清洲出山心山心
無塵土白石磷磷沉瀯溪来數里到此始澄深有龍不
可測岸木寒森森書堂構其上隱几看雲岑倚梧或歌
枕風月盈中襟或吟或宴默或酒或鳴琴數十黄卷軸
賢聖談無音總前叩疇圃圃外桑麻林芉蔬可卒歲絹
布足衣衾飽煖大富貴康寧無價金吾樂盖易足名濂

濂洛風生卷一周濂溪　一

濂洛風雅九卷　（清）張伯行輯　清康熙間刻本

　　2册。半葉十一行，行二十一字。白口，左右雙邊，單魚尾。開本：
28.0cm×17.1cm，版框：19.4cm×14.6cm。

於止知其所止　　　　　　邱兆麟

從大處渾渾說起拍到鳥上便隱然有人在

忽乎哉嘗謂天下之事莫不從知而起

二比賓主領題將飛襯止語極秀潤

二比還題正面知字妙緊切鳥說題外不溢一字體

明文鈔

大學

論止於物其知亦足多矣夫鳥一物也可止而止鳥之知且得以窮於知止因乎知故抱知者自不窮於止夫物則亦有然者矣詩之言黃鳥也而必曰止於邱隅有是哉鳥也而亦有止即有是哉鳥也而亦知所止即天空而可以任飛機觸即長往山僻而可以托宿意倦自知還鳥無億逆之私任其意之所向而常若得乎氣機之先故止在則知蓋苟可以避夫繒繳之患將此一止也彼亦自以為無患與人無爭也鳥亦無慮係之意恣其情之所取而常

明文鈔初編不分卷　　（清）高塘輯　清乾隆五十一年（1786）刻本

　　6冊。半葉九行，行二十五字。白口，四周雙邊，單魚尾。開本：26.3cm×17.0cm，版框：19.4cm×15.4cm。

容城文靖劉先生文集卷之一

理學

希聖解

歲丁卯　是月　莖秋容新沐明河皎潔天高氣清

萬動俱息於是易川劉子乃起坐中庭有酒一尊飲

之無味有琴一張絃之無聲有書一編周子所傳是

謂易通微妙難詮仰而求之高入青天卽而探之深

入黃泉余乃取而讀之星月之下至士希賢賢希聖

聖希天余不覺而歎曰迂哉言蕩蕩乎浩浩乎天高

明神腐孰可希焉欺我後人迂哉此言于是乎吟清

三賢文集　　　　淨參卷之一　　　一

容城三賢集　　（清）張斐然等輯　清康熙間刻道光十六年（1836）重修本

　　12冊（2函）。半葉十行，行二十字。白口，四周雙邊，單魚尾。開本：26.2cm×16.7cm，版框：17.7cm×14.6cm。

型之準其亦對前賢而滋愧也夫豈

必不由是也則余向視學時未能蒐集以爲學者觀

操行厲節之士奉一編而慷慨歌泣者人才之興未

慨益非私於一鄉而將以傳之海內是書也成吾知

犖瑰奇之志者乎邑之後賢競競焉爲斯集之湮沒是

士其孰不聞其風慕其節而欲奉遺教以自成其卓

所謂獨立一代而興起百世者也豈惟容城天下之

重加裒補而屬序於余余曰三先生之道德之節義

賢集之刻板既漫漶而士大夫家存者亦少邑人謀

年京邸踞孔集堂部曹新城人也語余容邑舊有三

道光十有五年歲在乙未冬十二月上澣

經筵講官禮部左侍郎濱州杜堮敬書

容城三賢集　　（清）張斐然等輯　清康熙間刻光緒二十四年（1898）
重修本

　　12冊（2函）。半葉十行，行二十字。白口，四周雙邊，單魚尾。
開本：26.2cm×16.7cm，版框：17.7cm×14.6cm。

光緒戊戌孟夏

三賢集

臨安俞廷儼重修

李太白文集卷之一

錢塘　王琦琢崖輯註
緒端臣
思謙蘊山較

古賦八首

大鵬賦　并序

莊子：北冥有魚，其名為鯤，鯤之大，不知其幾千里也。化而為鳥，其名為鵬，鵬之背，不知其幾千里也。怒而飛，其翼若垂天之雲。是鳥也，海運則將徙于南冥。南冥者，天池也。齊諧者，志怪者也。諧之言曰：鵬之徙於南冥也，水擊三千里，摶扶搖而上者九萬里，去以六月息者也。

……斥鴳笑之曰：彼且奚適也。我騰躍而上，不過數仞而下，翱翔蓬蒿之間……

李太白文集三十六卷　（唐）李白撰　（清）王琦輯注　清乾隆間寶笏樓刻本

16册（2函）。半葉十行，行二十字（小字雙行同）。白口，左右雙邊，單魚尾。開本：25.2cm×15.7cm，版框：17.6cm×13.6cm。書名頁題"李青蓮全集輯注"。

集千家註杜工部詩集卷之一

大明嘉靖丙申明易山人校刻

遊龍門奉先寺 [魯訔曰]龍門在東都河南縣地志云關塞山一名伊闕而俗名龍門黃鶴曰唐志河南自龍門山東抵天津有伊水

志河南自龍門山東抵天津有伊水

門縣又有龍門山記云即導河至龍門山

按馮翊與河中府俱爲鄰而導河中有龍門山

然後漢與河中有龍門並在龍

門之地土有龍門關又有龍門關舍

河中之境故河南縣有龍門鎮又有龍門關

九域志云河南縣有龍門鎮

塞人則云絳州龍門薛仁貴傳云自泰趙信

門山云絳州亦有龍門公傳云自泰赴同

集千家注杜工部詩集二十卷文集二卷　（唐）杜甫撰　明嘉靖十五年（1536）玉几山人刻本

　　12册。半葉八行，行十七字（小字雙行同）。白口，四周雙邊，雙魚尾。開本：29.3cm×18.2cm，版框：22.0cm×14.4cm。鈐"硯雲樓藏""吳洪化印""泰和蕭敷政蒲邽氏珍藏書籍之章"印。

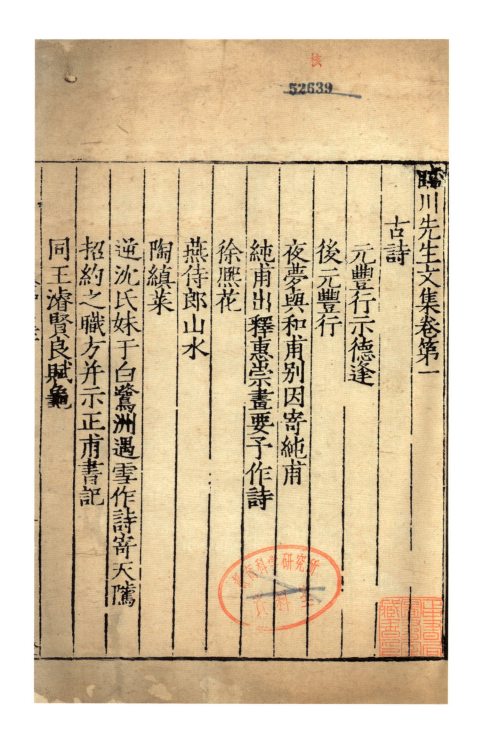

臨川先生文集一百卷目録二卷 （宋）王安石撰 明嘉靖三十九年（1560）刻本

24册。半葉十二行，行二十字。白口，左右雙邊，單魚尾。開本：26.5cm×17.6cm，版框：19.8cm×15.9cm。

宋儒文肅公黃勉齋先生文集卷之一

提督福建學政沈　鑒定

建寧郡王程　較正

講義

臨川郡學

乾元亨利貞文言曰元者善之長也亨者嘉之會也利者
義之和也貞者事之幹也君子體仁足以長人嘉會足以
合禮利物足以和義貞固足以幹事君子行此四德者故
曰乾元亨利貞

孟子曰無惻隱之心非人也　至　不足以事父母

黃文肅公文集　卷之一　一

宋儒文肅公黃勉齋先生文集四十卷　（宋）黃榦撰　清康熙間金
閶文雅堂刻本

　　8冊。半葉十行，行二十二字。白口，四周單邊，單魚尾。開本：
26.0cm×16.2cm，版框：18.9cm×14.0cm。有清戈襄批校題識。鈐"小
蓮""臣洪鈞印""文卿""元和王同愈"印。

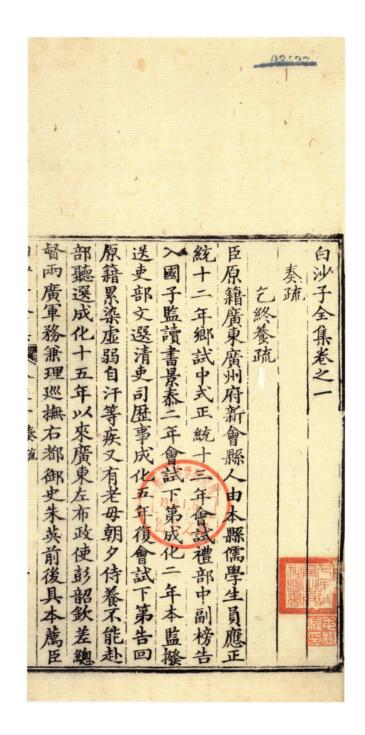

白沙子全集十卷首一卷末一卷　　（明）陳獻章撰　　（清）顧嗣協

校正　　（清）何九疇重編　清乾隆三十六年（1771）刻本

10册（2函）。半葉十行，行二十一字。白口，四周雙邊，單魚尾。

開本：29.6cm×15.1cm，版框：18.8cm×13.2cm。

重鐫心齋王先生全集卷之一

欽差總督漕運兼巡撫鳳陽等處地方都察院

薦疏

首錄

海陵　四代孫王元昴　全校

　　　五代孫王　　　校政補遺

　　　六代孫王　　　翻刻

　　　　　　王　煟　　　全梓

　　　　　　　　校政

重鐫心齋王先生全集　（明）王艮撰　明萬曆間刻清嘉慶二十三年（1818）印本

　　12冊。半葉九行，行十八字。白口，左右雙邊，單魚尾。開本：24.5cm×16.4cm，版框：19.4cm×14.3cm。書名頁題"前明欽諡文貞公王心齋先生文集"。

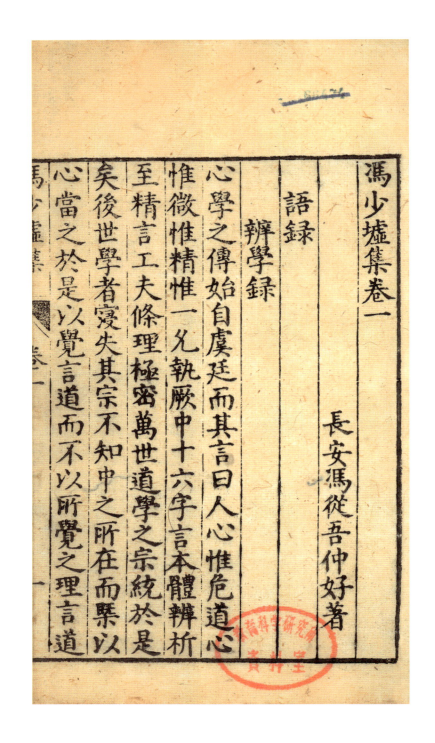

馮少墟集卷一

語錄

辨學錄

長安馮從吾仲好著

心學之傳始自虞廷而其言曰人心惟危道心
惟微惟精惟一允執厥中十六字言本體辨析
至精言工夫條理極密萬世道學之宗統於是
矣後世學者寖失其宗不知中之所在而緊以
心當之於是以覺言道而不以所覺之理言道

馮少墟集二十二卷　（明）馮從吾撰　明萬曆四十一年（1613）刻本
14 冊（4 函）。半葉九行，行十八字。白口，四周單邊，單魚尾。
開本：27.1cm×16.7cm，版框：20.5cm×14.5cm。

南雷文定卷一

明文案序上 乙卯

遼陽靳治荆軼訂

某自戊申以來即爲明文之選中間作輟不一然於諸家文集蒐擇亦已過半至乙卯七月文案成得二百七卷而嘆有明之文莫盛於國初再盛於嘉靖三盛於崇禎國初之盛當大亂之後士皆無意於功名埋身讀書而光芒卒不可掩嘉靖之盛二三君子振起於時風衆勢之中而巨子嘵嘵之口舌適足以爲其華陰之赤土崇禎之盛王李之珠盤已墜邾莒不

南雷文定十一卷後集四卷附録一卷三集三卷四集四卷五集二卷

（清）黃宗羲撰　清康熙二十七年（1688）刻乾隆三十四年（1769）重修本

18册。半葉十行，行二十字。黑口，四周單邊，雙魚尾。開本：28.5cm×17.9cm，版框：19.3cm×14.0cm。

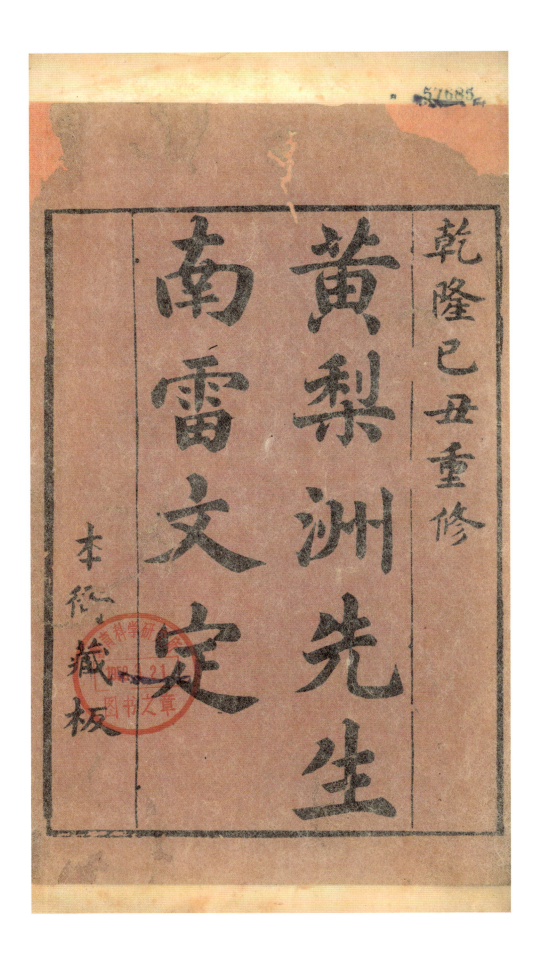

乾隆巳丑重修

黄梨洲先生

南雷文定

本衙藏板

南雷文案卷一

姚江黃宗羲著

高元發三藁類存序

昔上古文詞自余君房屠長卿而學者之論亡矣君房辯
香劉子威直欲抹昌黎以下至謂詩書二經卽吾夫子一
部文選此其中更何所有長卿稍幾其簡奏出之曼衍而
謂文至昌黎大壞歐蘇曾王之文讀之不欲終篇所以歸
美六經者僅僅在無纖穠佻巧之態其本領與君房未嘗
不同也後進晚生瘰語流注嘗見其讀大家文字未畢首
尾輒妄置評論曰其筆弱其氣薄余應之曰子姑尋其意
之所在盍將風泉勢自難以片言洗滌故不與之深論何
者爲健弱厚薄也古人以辭之淸濁爲健弱意之深淺爲

南雷文案十卷外卷一卷續文案吾悔集四卷撰杖集一卷南雷詩曆三卷子劉子行狀二卷　（清）黃宗羲撰　清康熙間刻本

　　12冊。半葉十二行，行二十二字。黑口，左右雙邊，雙魚尾。開本：28.5cm×17.9cm，版框：18.2cm×13.8cm。續鈔堂藏板。

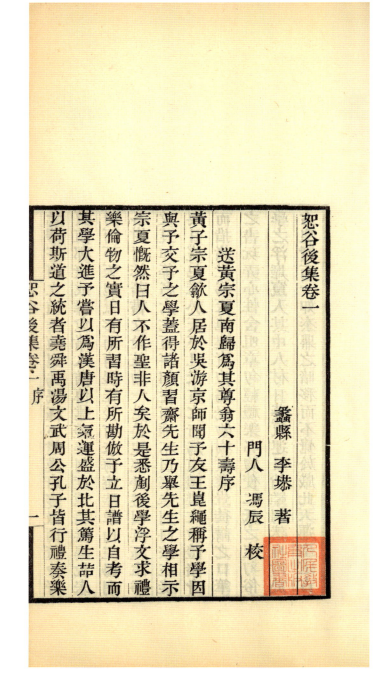

恕谷後集十三卷 （清）李塨撰 清雍正間刻本

4册。半葉十行，行二十二字。黑口，四周單邊。開本：
28.7cm×17.3cm，版框：17.0cm×12.1cm。

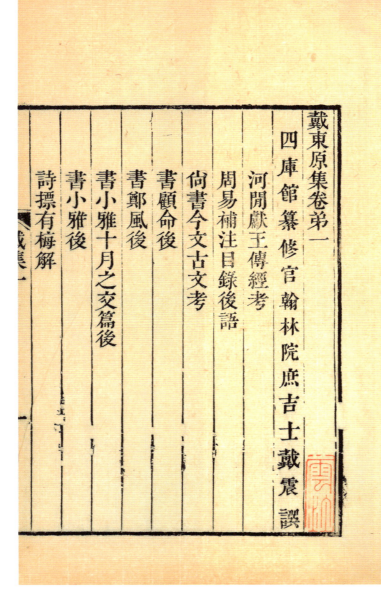

戴東原集十二卷　（清）戴震撰　清乾隆五十七年（1792）段氏經

韻樓刻本

　　4册。半葉十行，行二十一字。白口，左右雙邊，單魚尾。開本：

28.7cm×18.0cm，版框：17.5cm×13.1cm。鈐"印心石屋主人"等印。

是臣生三歲而孤母林氏守節四十餘年備嘗辛苦

恩深重夙夜壞惕正當勉竭職守更何敢瞻顧私情惟

鴻慈篆養　内廷□□□□貳受

皇上

竊臣材質駑鈍荷蒙

奏摺

乞假省親劄子

緝齋文集卷之一　　　　　漳浦蔡　新葛山

緝齋文集

緝齋文集八卷首一卷附録二卷詩稿八卷首一卷　（清）蔡新撰

清乾隆間刻本

　　8册。半葉九行，行二十一字（小字雙行同）。白口，四周雙邊，單魚尾。開本：24.5cm×15.2cm，版框：19.8cm×13.4cm。

萬善堂集卷一

羅江李化楠讓齋著

男　調元　雨村　編纂

杭州陸　燦補梅

受業嘉興李祖惠虹舟仝校

紹興黃　璋稚圭

古今體

古風　贈何文淵

古人有高風留在古簡牘蔣詡杜陵歸三徑自不乎孫
子蘇門嘯一聲振山谷此八執與儔近代寡所續惟君
志槃澗永矢而弗告紛華世競趨抱璞志逾篤桑間百

萬善堂集詩集十卷文集六卷　（清）李化南撰　（清）李調元編纂　清乾隆間刻本

　　2冊。半葉十行，行二十一字。白口，左右雙邊，單魚尾。開本：26.3cm×16.3cm，版框：17.8cm×13.2cm。書名頁題"石亭詩集"，版心題"李石亭詩集""李石亭文集"。萬卷樓藏板。

廿一史彈詞註卷之一

成都楊　慎用修編著

漢陽張三異禹木增定

男仲璜別麓註　　孫坦舍坤章

伯琮鶴湄訂　　坦麟盡臣

叔珽鵠巖參　　坦驄青御

坦熊男祥全校

第一段　總說　西江月

天上烏飛兔走人間古往今來沉吟屈指數英才多少

是非成敗　富貴歌樓舞榭淒涼廢塚荒臺萬般回首

化塵埃只有青山不改　　詩曰

廿一史彈詞注十一卷　（明）楊慎撰　（清）張三異增定　清雍正

間刻本

　　4冊。半葉十一行，行二十一字（小字雙行同）。白口，四周單邊，

單魚尾。開本：23.9cm×16.4cm，版框：17.7cm×13.7cm。樹玉堂藏板。

徐文長四聲猿

公安袁宏道中郎評點

總目

狂鼓史漁陽三弄　　玉禪師翠鄉一夢

雌木蘭替父從軍　　女狀元辭凰得鳳

狂鼓史漁陽三弄

外扮判官引鬼上〔唫〕這裡篝予忒明白善惡到頭來
語氣雄越擊壺和筑同此悲歌

撒不得賴就如那少債的會躲也躲不得幾多時都
從來沒有不還的債嗏家察名幽字能平別號火

徐文長四聲猿　　（明）徐渭撰　　（明）袁宏道評點　　明刻本

　　1冊。半葉九行，行二十字。白口，四周單邊，單魚尾。開本：25.6cm×16.3cm，版框：21.0cm×14.5cm。鈐"周越然"等印。

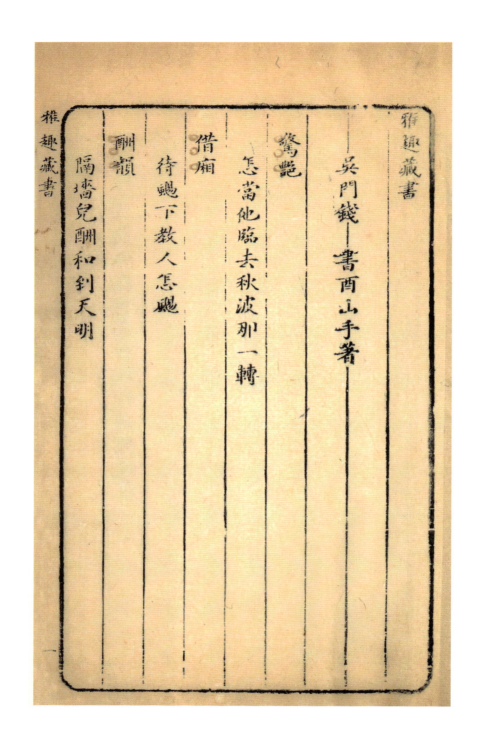

雅趣藏書 （清）錢書撰　清康熙間刻朱墨套印本

　　2册。半葉九行，行二十五字。白口，四周單邊。開本：23.9cm×15.3cm，版框：20.5cm×12.5cm。崇文堂藏板。

納書楹牡丹亭全譜卷上

長洲葉　堂廣明訂譜

丹徒王文治禹卿參訂

言懷

商調

遶池簾首二句　河東舊族柳氏名門最簾真珠

末論星宿連張帶鬼幾葉到寒儒受雨打風吹

謾說書中能富貴顏如玉和黃金那裏貧薄把

納書楹玉茗堂四夢曲譜　（清）葉堂撰　（清）王文治參訂　清乾隆五十七年（1792）刻本

　　8冊（2函）。半葉十二行，行十八字（小字單行不等）。白口，四周雙邊，單魚尾。開本：26.1cm×16.0cm，版框：20.0cm×14.0cm。書名據序題。納書楹藏板。

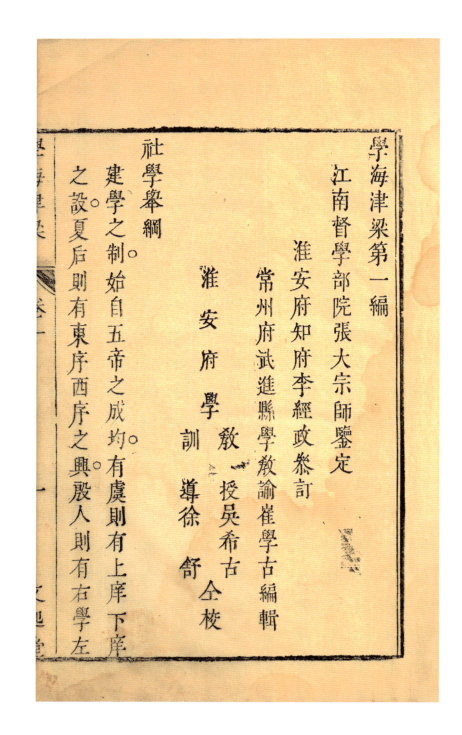

學海津梁四卷　　（清）崔學古編　　清康熙三十四年（1695）文起堂刻本

　　1冊。半葉九行，行二十字。白口，左右雙邊，單魚尾。開本：26.0cm×16.9cm，版框：13.4cm×9.1cm。

叢部

第一齣　末上

蝶戀花　鍾送黃昏鷄報曉昏曉相催世事何時了

萬古千愁人自老春來依舊生芳草　怎處人多

閒處少閒處光陰幾個人知道獨上小樓雲杳杳

天涯一點青山小　問若耶眾常帶

法曲獻僊音足學王生守貞郭氏借補郎陽軍伍

怒潑奸謀釀成冤獄亥誡感通真武賴衛士䕃天

府寬刑調邊土　慧姬苦入宮闈續夭詩意君垂

雙珠記卷上

第一齣　末上

【蝶戀花】鍾送黃昏鷄報曉昏曉相催世事何時了

萬古千愁人自老春來依舊生芳草

閒處少閒處光陰幾個人知道獨上小樓雲杳杳 忙處人多

天涯一點青山小 問答照常

法曲獻僊音足學王生守貞郭氏偕補郎暘軍伍

怒激奸謀釀成寃獄哀誠感通眞武賴術士所天

府寬刑調邊土 蕙姬苦入官闈纘衣詩意君乖

雙珠記上一

六十種曲十二集　　（明）毛晉輯　明末虞山毛氏汲古閣刻清道光
二十五年（1845）重修本

　　120 冊（4 函）。半葉九行，行十九字。白口，左右雙邊。開本：
24.0cm×15.6cm，版框：20.5cm×13.0cm。書名頁題 "六十種曲"，另
有書名頁題 "繡刻演劇十種"。同德堂藏板，版心下鐫 "汲古閣"。鈐 "真
州吳氏有福讀書堂藏書" 印。

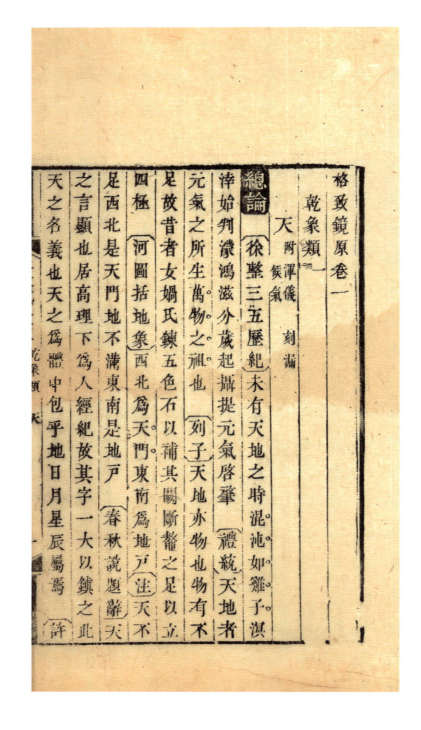

格致鏡原一百卷　（清）陳元龍撰　清雍正間刻本

32冊（4函）。半葉十一行，行二十一字。黑口，左右雙邊，雙魚尾。
開本：24.1cm×15.5cm，版框：16.7cm×11.2cm。

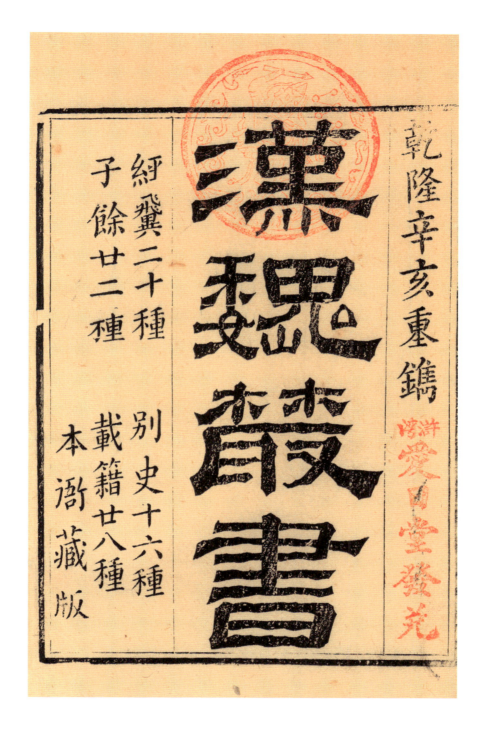

漢魏叢書九十六種　　（清）王謨輯　清乾隆五十六年至五十七年

（1791—1792）金溪王氏刻本

　　80冊（8函）。半葉九行，行二十字（小字雙行同）。白口，左右雙邊，
單魚尾。開本：24.2cm×16.5cm，版框：19.8cm×14.3cm。

焦氏易林卷一

漢　焦贛著

南豐趙　新梭

乾之第一

乾

道陟多阪胡言連蹇，譯瘩且聾，莫使道通請謁。

不行求事無功。

坤

招殃來螫害我邦國病傷手足不得安息。

屯

陽孤亢極多所恨惑車傾蓋亡身常憂惶乃得

其願雌雄相從。

蒙

鵲鵤鳴鳩專一無尤君子是則長受嘉福

博物志卷第一

晉司空張華茂先

余視山海經及禹貢爾雅說文地志雖曰悉備各
有所不載者作畧說出所不見麤言遠方陳山川
位象吉凶有徵諸國境界犬牙相入春秋之後並
相侵伐其土地不可具詳其山川地澤畧而言之
正國十二博物之士覽而鑒焉

地理畧自魏氏目已前憂禹治四方而制之
河圖括地象曰地南北三億三萬五千五百里地部

博物志

卷之一

稗海 （明）商濬輯 （清）李孝源重訂 清乾隆間刻本

　　60 册。半葉九行，行二十字。白口，四周單邊，單魚尾。開本：
25.2cm×16.0cm，版框：21.0cm×13.5cm。

孝經

漢魯人孔安國傳

日本信陽太宰純音

開宗明誼章第一　經一百二十五字

仲尼閒居曾子侍坐　子曰參先王有至德要道以訓天下也

知不足齋叢書三十集　（清）鮑廷博輯　（清）鮑士恭續輯　清乾隆至道光間長塘鮑氏知不足齋刻本

240 册（30 函）。半葉九行，行二十一字。黑口，左右雙邊。開本：19.8cm×11.5cm，版框：13.2cm×9.6cm。

周易古義上　　　九經古義卷第一

說文曰秘書說日月爲易象陰陽也虞仲翔易注引參同
契亦云字从日下月參同契曰易謂坎離又曰日月爲易所謂秘書者參同之類也

坤初六象履霜堅冰陰始凝也案文言冰當作仌久凝當作冰

介疒釋器云冰脂也郭璞曰莊子云肌膚若冰雪冰雪
脂膏也孫炎本仌凝脂云膏凝曰脂詩云膚如凝脂卽
冰脂也古文尚書亦以冰爲凝說文云凝俗冰字

六二直方大鄭注云直也方也地之性此爻得中氣而在
地上自然之性廣生萬物故生動直而且方能熊氏經說
云鄭氏古易云坤爻辭履霜直方含章括囊黄裳玄黄
協韻故象傳文言皆不釋大疑大字衍

貸園叢書初集　　（清）周永年輯　清乾隆間刻本

　　14冊（2函）。半葉十一行，行二十二字。黑口，左右雙邊，雙魚尾。
開本：26.9cm×16.8cm，版框：17.5cm×14.3cm。竹西書屋藏板。鈐"吳
興楊氏珍藏"印。

山海經弟一

晉記室參軍郭璞傳

都侍郎兼都察院右副都御史巡撫陝西等處地方兼理軍務董誥　鎮洋畢沅新鋟

侍中奉車都尉光祿勳大夫臣秀領校祕書言校祕書太常

屬臣望所校山海經凡三十二篇今定為一十八篇已定

山海經者出於唐虞之際昔洪水洋溢漫衍中國民人失

據崎嶇於邱陵巢於樹木鯀既無功而帝堯使禹繼之禹

乘四載隨山刊木定高山大川益與伯夷主驅禽獸命山

川類草木別水土四岳佐之以周四方逮人跡之所希至

及舟輿之所罕到內別五方之山外分八方之海紀其珍

寶奇物異方之所生水土草木禽獸昆蟲麟鳳之所止禎

經訓堂叢書　（清）畢沅輯　清乾隆間鎮洋畢沅刻本

　　32冊（2函）。半葉十一行，行二十二字（小字雙行同）。黑口，四周單邊，雙魚尾。開本：27.9cm×18.2cm，版框：19.5cm×15.0cm。經訓堂藏板。鈐"柏堂藏書"印。

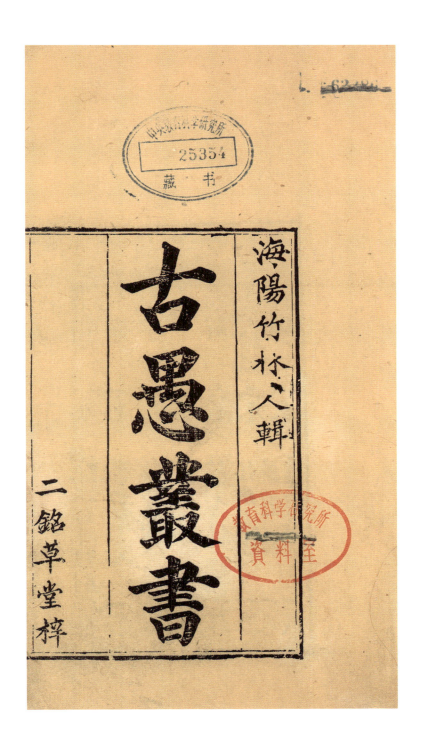

古愚叢書　（清）汪汲撰輯　清乾隆嘉慶間二銘草堂刻本

　　16冊（2函）。半葉九行，行二十四字（小字雙行同）。白口，四周雙邊，單魚尾。開本：24.2cm×15.4cm，版框：15.4cm×10.0cm。

事物原會卷一

海陽竹林人汪汲淥田氏消夏錄

天地萬物

魏張揖博雅太初氣之始也生于酉仲清濁未分也太始形之
始也生于戌仲清者為精濁者為形也太素質之始也生于亥
仲已有素樸而未散也三氣相接至于子仲剖字古剖判分離輕
清者上為天重濁者下為地中和為萬物東江子曰荒哉其言
也有至理焉夫陰生于午中于月為午于日為中炎暉赭曦陰
伏而人弗知衆正彙進邪伏而人弗知旅力方剛老伏而人弗

和刻本

七曰議貴　謂爵一品及文武職事官三品以上散官二品以上者

八曰議賓　謂承先代之後為國賓者

應議者犯罪

凡八議者犯罪實封奏聞取旨不許擅自勾問若奉旨推問者開具所犯及應議之狀先奏請議定奏聞取自上裁　議者謂原其本情議其所犯於奏本之內開寫或親或故或功或賢或能或勤或貴或賓應議之人所犯之事實封奏聞取旨若奉旨推問者才方推問取責明白招伏開其應得之罪先奏請令五軍都督府四輔諫院刑部監察御史斷事官集議定奏聞至死者唯云其犯十惡者准犯依律合死不敢正言絞斬取自上裁　其犯十惡者

大明律三十卷目録一卷附問刑條例　（明）劉惟謙等撰　日本享保八年（1723）刻本

9册。半葉八行，行二十二字（小字雙行同）。白口，四周單邊，單魚尾。開本：25.4cm×18.0cm，版框：22.5cm×15.4cm。鈐"杭邵章伯裘收藏書籍記"等印。

學部通辯前編卷上

東莞陳建　著

内黄黄流授男吉士梓

此卷所載著朱子早年嘗出入禪學與象山未會
而同至中年始覺其非而返之正也
庚戌宋高宗建炎四年九月甲寅子朱子生 譜 朱子年
己未高宗紹興九年二月乙亥象山陸子生 譜 象山年
辛未紹興二十一年陸子十三歲陸子生穎異幼嘗
問父賀曰天地何所窮際父笑而不答遂深思至忘

學部通辯前編三卷後編三卷續編三卷終編三卷　（明）陳建撰

日本寬文三年（1663）三條菱屋町林傳左衛門尉刻本

　　4冊。半葉九行，行二十字。白口，四周雙邊，單魚尾。開本：26.0cm×16.9cm，版框：20.8cm×14.6cm。鈐"溝潢精舍"印。

五雜組卷之一

天部一

陳留謝肇淛著

老子謂有物混成先天地生不知天地未生時
此物寄在甚麼處噫盖難言之矣天氣也地質
也以質視氣則質為粗以氣視太極則氣又為
粗未有天地之時混沌如雞子然雞子雖混沌
其中一團生意包藏其中故雖歷萬歲時而字之
便能變化成形使天地混沌時無這箇道理包

五雜俎十六卷 （明）謝肇淛撰 日本寬文元年（1661）刻寬政七年（1795）補刻文政五年（1822）印本

8冊。半葉九行，行十八字。白口，四周雙邊，單魚尾。開本：22.2cm×15.7cm，版框：19.3cm×13.5cm。陳方恪舊藏。鈐"陳""彦通""騎庵""天與多情不自繇"印。

羣書治要卷第一

秘書監鉅鹿男臣魏徵等奉　勅撰

周易

乾元亨利貞、文言備也、象曰天行健君子以自強不
息、九三君子終日乾乾夕惕若厲無咎、之極、居
上體之下、純修下道則居上之德廢純修上道則處下之禮曠故終日乾乾、至于夕、惕猶若厲、不行不躍而在乎
也、九五飛龍在天利見大人、天故曰飛龍也、龍上
德在天則大人之路亨也夫位以德興德以位叙以至德而處盛位萬物之觀不亦宜乎、
九亢龍有悔象曰大哉乾元萬物資始乃統天、

群書治要五十卷　（唐）魏徵等纂　日本天明七年（1787）刻本

　　22冊。半葉九行，行十八字（小字雙行同）。白口，匹周雙邊，單魚尾。開本：27.4cm×18.6cm，版框：22.1cm×15.4cm。缺三卷：卷四、十三、二十。鈐"高陽齊氏""齊林玉世世子孫永寶用"印。